从先验人性到思辨神性的演进之路

The Evolutional Route from

The Transcendental Human Nature to the Speculative Divinity

德国古典哲学的形而上学“根基”研究

An Analysis of the Metaphysical Foundation of the German Classical Philosophy

韩冬雪——著

天津社会科学院出版社

图书在版编目（CIP）数据

从先验人性到思辨神性的演进之路 ：德国古典哲学的形而上学“根基”研究 / 韩冬雪著. -- 天津 ：天津社会科学院出版社，2020.8
ISBN 978-7-5563-0650-3

Ⅰ. ①从… Ⅱ. ①韩… Ⅲ. ①德国古典哲学－研究 Ⅳ. ①B516.3

中国版本图书馆 CIP 数据核字(2020)第 141058 号

从先验人性到思辨神性的演进之路 ：德国古典哲学的形而上学“根基”研究
CONG XIANYAN RENXING DAO SIBIAN SHENXING DE YANJIN ZHI LU: DEGUO GUDIAN ZHEXUE DE XING’ERSHANGXUE “GENJI” YANJIU

出版发行：天津社会科学院出版社
地　　址：天津市南开区迎水道 7 号
邮　　编：300191
电话/传真：（022）23360165（总编室）
（022）23075303（发行科）
网　　址：www.tass-tj.org.cn
印　　刷：北京盛通印刷股份有限公司

开　　本：787×1092　毫米　1/16
印　　张：13.5
字　　数：200 千字
版　　次：2020 年 8 月第 1 版　2020 年 8 月第 1 次印刷
定　　价：59.00 元

序 言

德国古典哲学在我国现当代学界的地位十分特殊,一方面它本身在西方哲学的历史发展过程中就是一座思想上的高峰,不仅以往的一切哲学都汇集于此,而且现代西方哲学都会从它的思想中找到源头;另一方面德国古典哲学又是马克思主义哲学思想的直接理论来源,随着国内马克思主义思想研究的不断深入,德国古典哲学研究的"再深入"就成为了某种必然。因此,我们会发现,在我国无论西方哲学的研究领域,还是马克思主义哲学的研究领域,德国古典哲学都一直受到学者们的持续关注,研究热度始终不减,有质量的、有深度的研究成果也不断地涌现,这种"好的"学术现象,在我国学界其实并不多见。

众所周知,德国古典哲学的内容庞大,体系繁多,且每个哲学家的思想都十分艰深晦涩,对其展开专业性的研究并不容易,而要从整体上把握它的内在逻辑及其演进的全过程,更是难上加难。正是这个原因,研究德国古典哲学的"逻辑"的成果并不多见,武汉大学杨祖陶先生撰写的《德国古典哲学逻辑进程》就是这不多成果中的精品之作。近些年来,随着《费希特文集》和《谢林著作集》的陆续出版,有更多的学者开始重视对费希特和谢林哲学思想的研究力度,这不仅让我国学界对德国古典哲学的研究更为全面,而且有许多的整体性的思想逻辑也更为清晰地凸显了出来。韩冬雪博士的这部专著就是以德国古典哲学作为整体性的论域,集中讨论形而上学"根基"的内在发展和演进的逻辑线索。如果说,杨祖陶先生在《德国古典哲学逻辑进程》中揭示的是德国古典哲学表现在认识论上的"宏观逻辑",则该部专著所呈现给读者的则是德国古典哲学体现在哲学根基之上的"微观逻辑",我们也可以将其视为对于杨先生的"宏观逻辑"的细化和丰富。

德国古典哲学成为西方哲学的"终结者",其主要的学术使命就是要让哲学成为真正意义上"科学的科学"或"真理之学",但其前提是要为形而上学找到一个稳固的"阿基米德点",即要为未来的形而上学寻求新的"根基"。休谟的怀疑论让哲学家们清醒地意识到,作为最高知识的形而上学,其"根基"不可能建立 在经验的有限世界之上,那么留给德国古典哲学的只有两条超越"经验"之路——"先验"路径和"超验"路径。所谓"先验",就是要通过分析"经验"中的"人"的构成要素,把"经验何以可能"的根据确立在主体的"先验"之中,这便是康德哲学建构形而上学的"先验"路径,也开启了德国古典哲学。而费希特和谢林作为德国古典哲学发展进程的"中间环节",在形而上学"根基"上的哲学使命就是要突破康德的"先验"路径,而发展方向就是"超验"。所谓"超验",就是要将形而上学的"根基"从人的主体中移出,并转向主体之外或主体之上的一个精神实体,这条路径始于谢林,完成者是黑格尔。费希特的作用是将康德的"先验"路径在主体之中推向了极致,把形而上学的"根基"由康德的"先验自我"发展到了"绝对自我"。事实上,"极致"就意味着"转向"的来临,谢林充分地意识到费希特的哲学已然陷入了"唯我论"的逻辑困境。在他看来,若形而上学的"根基"只奠基在人的主体之中,那么,由其产生的任何知识都只能是

“主体”的，但知识的客观性要求知识必然要与客观事物本身相联系，即知识产生于主、客观的“汇合活动”。这样，康德和费希特的“先验”之路就此终结了，而取而代之的就是要让形而上学的根基走向“超验”，谢林在主、客观的“同一”之上确立了客观的“精神实体”——“同一绝对”。“同一绝对”统摄了自然和人类社会，成为了宇宙中最高的主宰者，这便在它自身之中确立起了上帝的神性特质。黑格尔认为谢林只是赋予了“根基”以神性的思辨形式，却没有给它以如何实现自身的“神性内容”。于是，黑格尔将形而上学的最高根据确立在绝对理念的“真理内容”之上，用真理“内容”自我运动的逻辑完成了其思辨形而上学的最高理论建构。于是，黑格尔用思辨的内容加上思辨的形式完成了绝对理念和上帝之间的“调和”，基督教神学的思辨理性化和黑格尔思辨哲学的宗教化成为了黑格尔不可避免的逻辑宿命，这也让德国古典哲学的形而上学“根基”提升到了上帝的高度，其“思辨神性”的形而上学根基就此确立。

应该说，韩冬雪的这部专著很好地诠释了德国古典哲学中形而上学的根基由“先验人性”向“思辨神性”的发展进程和不断跃迁的逻辑环节。全书的逻辑结构严谨，以问题为导向，紧紧地围绕着“根基”的形上建构展开论证过程，其中既能让我们看到作者对于文本的细腻分析，又能发现作者思想的跳跃与灵动。当然，由于这个问题本身的难度，著作中还有许多问题有待继续探讨，如费希特与谢林哲学在形而上学“根基”上的过渡、黑格尔“思辨神性”的本真内涵等等。韩冬雪是我的博士生，这部著作就是由她的博士论文改编而成，包含着她博士期间的全部思考，也是其博士研究成果的凝结。作为导师，我见证到了她全部的学术努力，看到了她对学术的热爱，对理论研究的执着与专注，所以我特别高兴能够看到这部著作如期出版。相信这部著作对于一个刚刚步入到高校的青年学者来说,只是其学术的开端和起点,也更希望她会沿着这些已然展开了的学术问题继续深入思考,产生出更多的、有价值的科研成果来。当然,书中必然还存在一些瑕疵,既有作者本人思考和研究力度不够的原因,也有导师学术水平有限、指导不利的原因,在此,我们诚恳地欢迎国内各位同仁批评指正。

叔贵峰

2020 年 7 月于沈阳

目 录

引　言

德国古典哲学形而上学“根基”研究在国内德国古典哲学研究中是比较基础的研究。在写作之前，杨祖陶先生所著的《德国古典哲学逻辑进程》一书以及吴宏政老师 2011 年发表的《人学与神学：德国古典哲学中的两条致思路径》一文对本书的最终写作影响很大。杨祖陶先生从康德到马克思，为德国古典哲学形而上学的发展梳理了一条逻辑发展之路，其研究较为深刻、全面、翔实和客观生动。正是这本书的启发，使我开始思考德国古典哲学形而上学发展的根基是什么，其根基是否经历了由下到上的逻辑演进过程。而吴宏政老师所思考的人学与神学两条发展路径在德国古典哲学中的表现切实给了我思维的碰撞。恰逢此时恩师叔贵峰老师开设黑格尔《小逻辑》与《哲学史讲演录》的读书课，在每周三的读书研究学习中，通过深入了解黑格尔的思想，进而思考黑格尔思想形成的前后哲学史上形而上学发展的根基问题，更加明确了自己的想法。因此，结合研究德国古典哲学的前辈们的经典研究成果和读书学习的思考形成了对于本书内容的思路。

德国古典哲学形而上学思想作为人类理性思维的高峰，经历了从先验人性到思辨神性的演进之路。因而，本书写作主要目的有三个：

第一,明确形而上学发展的两条路径。在古希腊哲学寻求本体的路途上,苏格拉底将哲学分为“智慧之学”和“爱智慧之学”,大致形成了两种不同的探索本体的向度,一条是人学向度,一条是神学向度,从而确立了追求形而上学两条路径。因此,古希腊超现象的“本体”是哲学的根基,中世纪上帝是神学的根基。近代认识论转向,“根基”便由超验本体转向了人自身。近代经验论以人的感觉为根基,建立起“外在经验”的形而上学,而唯理论则以人的理性为根基,建立起“内在经验”的形而上学,同时它们在建构中均与自然科学和数学之间保持着同构之维。休谟的怀疑论不仅让知识论陷入了时代的危机之中,而且也让哲学家们按照科学模式来建构形而上学的哲学理想化为泡影。于是,超越科学、为科学奠基的“未来的形而上学”何以可能成为了德国古典哲学的核心任务,自康德决心要重树未来形而上学的“地基”开始,便演绎出了德国古典哲学形而上学“根基”建构的逻辑进程。

第二,梳理德国古典哲学形而上学由人性“根基”向神性“根基”发展的逻辑进程。德国古典哲学起于康德的先验哲学,经费希特的知识学和谢林的同一哲学,完成于黑格尔的思辨哲学。其中每个形而上学形态都蕴含着作为“科学的科学”的知识性理论特质,它们都试图以体系的完整性来保障形而上学知识的真理性,而体系的建构必然要围绕着一个确定的“根基”才能得以完成。康德重新审视了主体之中的认知能力,用“先验自我”的各种认识形式来统摄经验质料,从而将未来的形而上学建构在人的“先验根基”之上;费希特将康德的“先验自我”推向“绝对自我”,让“绝对自我”的能动设定活动成为产生一切知识要素的基础,使理论哲学与实践哲学统一于以“绝对自我”为根基的知识学体系之中,结果使得形而上学的“根基”达到了主体之中的绝对之境;谢林超越了康德和费希特的主观存在论立场,试图将客观的自然界和主观的自我意识统一于“同一理性”的“绝对”之上,从而形成了以“绝对同一”为根基的先验唯心主义体系。黑格尔反对谢林的主、客观的“无差别的同一”,让“有差别”主、客观在“绝对精神”的辩证运动中完成统一,从而完成了以“绝对精神”为根基的思辨形而上学的体系建构。逻辑学、自然界和人类社会分别成为“绝对精神”自我运动发展过程中展开的三个有机环节,从“绝对精神”反观整个宇宙的发展进程,任何具体的、历史的存在,不过是走向“绝对精神”的一个环节和阶段,这便为我们认知世界提供了一种带有目的论的神性目光,绝对精神的理性内容替代了上帝创世的主观意图,最终完成了将形而上学的根基提升为神性的哲学使命。

第三,反思德国古典哲学形而上学“根基”发展的意义。深入剖析德国古典哲学形而上学“根基”发展的逻辑进程,我们会发现其自身的变革逻辑,并伴随着自由观和历史观的演变逻辑。具体表现为:一是“根基”本身由康德的先验人性向黑格尔的思辨神性的不断演进,呈现为人性不断退却、神性不断生成的逻辑跃迁;二是“根基”与人性自由相伴而行,“根基”由人向神的发展进程中人性自由也随之由先验的形式自由向绝对精神的伦理实体自由的不断演进;三是随着“根基”迁移,主体的自我意识在人类历史的发展中不断地达成主、客观内容的统一,历史观也呈现出理性主义的逻辑建构。我们知道,当黑格尔的思辨哲学在完成了西方理性的形而上学的同时也宣告了它的终结,而拒斥黑格尔思辨哲学的各种哲学也将批判的矛头对准了“根基”,叔本华用“意志”取代黑格尔的“理性”根基,开启出非理性主义形而上学现代之路;费尔巴哈用“类本质”让黑格尔的理性根基由神向人自身还原,用人性的秘密揭示上帝神性的秘密,最终完成了“上帝人本化”的宗教批判;马克思则进一步将黑格尔的“理性”根基向人的实践本性回归，从而确立起以“实践”为根基的唯物史观。通过对德国古典哲学形而上学根基自身演绎逻辑的研究，不仅会让我们从“根基”的视域来重审马克思哲学对德国古典哲学的哲学变革，而且由于德国古典哲学的“根基”本身就是“科学何以可能”的根据，这更会有助于我们重新反思哲学与科学之间的本然关系。

德国古典哲学形而上学内容丰富，思想深刻，无论是从整体上把握德国古典哲学的思想，还是从部分上关注每一个哲学家的思想，都具有极大的理论和实践价值。因而，本书仅仅是做了一些极浅的基础性工作，有很多不足之处，希望对于德国古典哲学形而上学的研究有所帮助。

本书的出版得到了沈阳航空航天大学马克思主义学院的大力支持，也得到了叔贵峰老师的悉心指导，在这里表示诚挚的感谢。

韩冬雪

2020 年 4 月

第一章
德国古典哲学形而上学的“知识论形态”之维

形而上学的终极使命就是要建立关于绝对真理的知识体系，早期古希腊哲学家们不断地进行探索，在哲学中确立了本体论的形而上学，本体论作为形而上学的对象有两个特征：一个是超验性；一个是理性；其超验本性决定了其存在的根据不在经验世界，如阿那克西曼德的“无定形”、赫拉克利特的“逻各斯”、毕达哥拉斯的“数”、泰勒斯的“水”、巴门尼德的“存在”，等等，希望用经验的存在来规定超验的存在或者在对于具体事物形式的抽象中去寻找一个外在于客观世界的本原，也就开始了哲学解释世界的方式，这些认为自然万物的产生或者由来就是本原的早期古希腊哲学家们，其本质“是一种宇宙生成论意义上的本原”①，因此，早期古希腊哲学家对于本原的寻求并没有真正的找到本体的存在，因为真正的本体并不是无理性地思考具体事物产生的原因，因而，古希腊哲学家寻找的本原是一种“无根的本体论”。② 但不难看出，虽然早期古希腊哲学家没有找到“实在”的本体，但对于本体寻找的根据却有了向超验性发展的思维，哲学的根据不再是具体的事物，而是指向了超验的神性。

古希腊“智者学派”强调感觉主义、相对主义、主观性，强调人的教育、尊严、个性、欲望等新观念，把知识归结为因人而异的感

① 王晓朝. 西方哲学精神探源[M]. 北京：北京大学出版社，2016：69.

② 陈炎. 形而上的诱惑与本体论的危机——兼论康德、牟宗三、李泽厚的得失[J]. 清华大学学报(哲学社会科学版)，2015(5)：115－126.

觉，认为哲学所提倡的思辨、演说、辩论、修辞等技能，提高了人们的素质。因此，哲学的研究中心也开始由神向人转变，哲学的中心议题不再是宇宙，而是关于人的现实行为和人生价值问题。因此，古希腊哲学“走上了人学的道路，或者说走上了主体性的道路：研究人们的内心活动，研究人们的观念和意志力”[①]。智者学派主要代表人物普罗泰戈拉认为：“人是万物的尺度，是存在的东西（如何）存在的尺度，也是不存在的东西（如何）不存在的尺度。”[②]人可以作为万事万物存在的标准，也可以作为知识的标准，人的感觉是判断事物存在和不存在的标准，因为每个人的感觉不同，事物对人呈现的样子就不同。除了普罗泰戈拉之外，高尔吉亚还提出“无物存在”[③]的思想，也就是不存在真理性的标准，所谓存在的标准、认识的标准都是不存在的，真实的存在就是相对于人的某种感官而言的。虽然智者学派认为人性无法通达本体，但是，智者学派却找到了以“人性”为向度的本体思考方式。

面对智者学派的感觉主义思维方式，苏格拉底认为人可以获得关于本体的知识，可以通达本体，但是并不是通过感性，而是依靠理性。本体论作为形而上学的对象的又一个特征——理性，就被苏格拉底建立起来了。苏格拉底倡导寻找“智慧”，虽然他是一个有神论者，但他信仰的并不是古希腊传统中哪位传统神，而是信仰自己能够体验到的神，并试图通过人的理性来通达神的意蕴。苏格拉底认为神的本性应该是智慧：“真正的智慧是属于神的，神

---

① [德]文德尔班.哲学史教程(上卷)[M].北京:商务印书馆,1987:97.

② [古希腊]柏拉图.柏拉图全集[M].王晓朝译.北京:人民出版社,2017:16.

③ 北京大学哲学系.西方哲学原著选读(上卷)[M].北京:商务印书馆,1981:56.

谕只是告诉我们，人的智慧微不足道，没有价值。”①但是苏格拉底认为虽然“智慧”这个词只适合于神，但是“爱智慧”这个词却也符合人，人拥有其他生物不能比拟的理性，理性可以通达本体的本性。苏格拉底认为人可以在理性思维的作用下通过沉思和默想达到与神的沟通，这个能够通过人的理性思维认识的神已经不再是传统的古希腊的人格神，而是一位本性是智慧、可以统宰宇宙和人类社会发展的理性神，神已经具有了精神的和道德的因素。神是智慧的代表，而哲学的使命就在于爱智慧，而爱智慧的主体不外乎于人。因此，在古希腊哲学寻求本体的路途上，苏格拉底不仅弘扬了神性向度，也找到了人性向度，因为理性是人的理性，拥有理性的东西在万物中只有人，这就使本体与人之间必然存在着某种同一性的关联，从而使本体的人性根据成为了可能。这样，苏格拉底将哲学分为“智慧之学”和“爱智慧之学”，大致形成了两种不同的探索本体的向度，一条是人学向度，一条是神学向度，从而确立了追求形而上学两条路径。从神的角度出发去求索真理的历程就是“智慧之学”。从人的角度出发去求索真理的历程就是“爱智慧之学”。但遗憾的是苏格拉底虽然确立了从理性主体的角度获得事物的根据，但他并没有寻找到真正的本体，因为他没有进一步的去思考神是如何使得万事万物获得其存在的根据的。而这个任务就落在了柏拉图身上，柏拉图开始思考一切事物的开始或者根源的问题，去思考什么是本原，万事万物的本性是什么，从而建立起了以“理念”为根据的本体论。

---

① [古希腊]柏拉图. 柏拉图全集[M]. 王晓朝译. 北京：人民出版社，2015：9.

柏拉图沿着古希腊哲学寻求本体的哲学进程，最先提出了“神学”[①]这个词，神学主要研究的是关于神的知识和道理。柏拉图主张人们用理性去思考神的问题，人们应当“均应如其所是地呈现神”[②]。理性的神要比非理性的神好，理性的神是宇宙的创造者，是万物生成的最终原因，宇宙就是一个具有理性和灵魂的双重生物，躯体产生灵魂，灵魂具备理性。就这样，柏拉图用理性神拒绝了以往的人格神，也拒绝了认为物质是本原的解释，“为希腊人信仰一位理性的思辨的神奠定基石”[③]。就像柏拉图自己所指出的那样：“我们的这个宇宙接受和滋养了各种各样的生灵，可朽的和不可朽的。它是一个可见的生灵，包含着众多可见的小生灵，它也是一位可见的神，是那位活生生的理智者的形象，它是宏伟的，良善的，美丽的，圆满的和无与伦比的。”[④]因此，柏拉图认为人们对于本性的追求，就应该是对于永恒不变事物的追求，也只有哲学家才能去把握这种永恒不变的事物，把握事物的本性。在柏拉图看来，事物真正的本性和根据就是“型相”，是理念。“真正的‘型相’的世界，是知识的对象，是真理，是真相”[⑤]。那么，真知识就应该是“型相”本体所产生的知识，是科学基础上所形成的关于人类思想本身真实性的思考。“我们这个世界上的知识是关于我们这个世界上的实

---

① [古希腊]柏拉图．柏拉图全集[M]．王晓朝译．北京：人民出版社，2017：69,76.

② [古希腊]柏拉图．柏拉图全集[M]．王晓朝译．北京：人民出版社，2017：69.

③ 王晓朝．西方哲学精神探源[M]．北京：北京大学出版社，2016：221.

④ [古希腊]柏拉图．柏拉图全集[M]．王晓朝译．北京：人民出版社，2017：232.

⑤ 王晓朝．西方哲学精神探源[M]．北京：北京大学出版社，2016：72.

在的知识”①。因此,知识是一种真实的存在,是“灵魂(认识主体)对于‘型相’的一种理性把握”②。知识来源于“型相”,人们的灵魂在对“型相”的认识中获得知识,灵魂要高于那些现实可感的具体事物,那些具体的可感事物只能提供意见而不是知识。在我们的日常的生活所能见到的世界之外,还存在一个不能够见到的世界,而这个不可见的世界,就是理念世界,它才是知识的唯一来源。在知识何以可能的问题上,柏拉图运用“灵魂回忆说”来回应。柏拉图认为灵魂生活在理念中,拥有理念的知识。但进入人的肉体之后,由于肉体的世俗性玷污,使得灵魂忘记了关于理念的知识。当灵魂遇到某些刺激时,就会唤醒关于灵魂对于理念的知识的回忆,进而获得真正的知识。那么,真正的知识就是灵魂回忆的结果,是灵魂对于自身的关注,因为灵魂本身就具有某种知识,回忆是对知识的再认识,对灵魂的净化,因为回忆所产生的知识是不会变化的,因此才能够被认识。因此,要想获得真实的存在就是要追求一种具有超验的实在性的“型相”,追求事物的共相和本质,追求事物的真实性,这种真实性本身就是万物存在的根据。但“灵魂回忆说”的缺陷在于柏拉图所认为的理念世界并没有明确地表示出来到底是什么,这为后来的哲学发展提供思考空间。此外,值得一提的是柏拉图关于回忆方式的思考,在柏拉图看来有多种,他在“《美诺篇》用的是数学逻辑推理式的回忆,《斐多篇》通过具体事物回忆有关型相的知识,《会饮篇》诉诸归纳,提出要从具体的杂多中综合出一个单一体,从而获得关于型相的知识”③。因此,柏拉图通过

---

① [古希腊]柏拉图.柏拉图全集[M].王晓朝译.北京:人民出版社,2017:113.

② 王晓朝.西方哲学精神探源[M].北京:北京大学出版社,2016:81.

③ 王晓朝.西方哲学精神探源[M].北京:北京大学出版社,2016:83.

“辩驳、假设、集合与划分等辩证方法”①来获得知识，而“辩证法就是认识真理的最理想、最优秀、最高尚的方法，而知识就是运用辩证法的结果”②。这样，柏拉图理念论的长远意义在于不仅为哲学家探究形而上学确定了“型”——求真和“相”——求实的两种基本思维模式，为哲学的发展确定了通过理性通达超验本体的基调。而且在关于知识论的基本问题、范围和研究方法上为后来知识论思想发展提供了借鉴。

亚里士多德是在真正意义上寻求本体，在亚里士多德的哲学中实体就是我们所说的本体。对此，亚里士多德指出：“实体具有两方面的意义，或者作为不用述说他物的终极载体；或者是作为可分离的这个而存在，每一事物的形状或形式便具有这种性质。”③因此，本体就是那种其他一切事物都是可以来表述它，它是其他事物的存在原因，是事物的本性，并且可以有具体的事物分离而单独存在，是事物的终极载体。以本体为核心，亚里士多德建构了比较完整的哲学体系，本体是其他范畴的中心，其他范畴都要来表述这个本体，同时又依附于这个本体而存在。本体作为根据，可以独立存在，而且是保持不变的存在。这就不难看出，根基的东西在亚里士多德哲学中就是“本体”，本体是形式因和质料因的相加。亚里士多德提出了“四因说”，即质料因、形式因、动力因、目的因，在这“四因”中，形式因和质料因又是比较重要的，因为二者一起构成了世界的本体，前者是事物构成的原料，后者是事物构成的本质，事物就是其本身的原料和背后本质的相加。这样，一方面，亚里士多德

① 王晓朝．西方哲学精神探源［M］．北京：北京大学出版社，2016：84．

② 王晓朝．西方哲学精神探源［M］．北京：北京大学出版社，2016：84．

③ ［古希腊］亚里士多德．形而上学［M］．苗力田译．北京：中国人民大学出版社，2003：97．

通过“四因说”,把形式和质料合二为一,就把古希腊哲学所倡导的神学传统和人学传统合二为一了。另一方面,亚里士多德把古希腊哲学关于追求本体的“人性”向度和“神性”向度遮蔽了起来,用形式与质料的结合替代了关于“人性”和“神性”维度的本体讨论。但是,亚里士多德并没有完全地放弃关于本体的“人性”和“神性”路径追求的讨论,相比较苏格拉底和柏拉图,亚里士多德提出了一套完整的神学理论体系。亚里士多德把实体分为三种,第一种是可感实体,“它或者作为质料,或者作为形状和现实,或者作为由两者组成的第三者”①。这类实体有生有灭,类似于植物和动物的构成元素。第二种实体也是可感的,但它是不运动的,类似于形式或数学对象,这两种实体是可变的。第三种实体是“某种永恒的、不运动的实体”②。这种实体是没有质料的、永恒的、永远现实的、至善的。那么,第三种实体是唯一的最高实体,是纯形式的、纯理性的、精神的、至善的,这就是“神”。他认为神是事物发展的第一推动者,“神是赋有生命的,生命就是思想的实现活动,神就是实现,就是其自身的实现,他的生命是至善和永恒”③。因此,最高实体就是那个永恒的“神”。“神实体是亚里士多德在理性思想上所要达到的‘至善’。思想与被思想的对象达到了同一,这是亚里士多德哲学的最高境界,这也决定了哲学成为人的一种自由追求的智慧

---

① [古希腊]亚里士多德.形而上学[M].苗力田译.北京:中国人民大学出版社,2003:167.

② [古希腊]亚里士多德.形而上学[M].苗力田译.北京:中国人民大学出版社,2003:249.

③ [古希腊]亚里士多德.形而上学[M].苗力田译.北京:中国人民大学出版社,2003:253.

之学”①。当亚里士多德用哲学来阐释神,用逻辑来论证神,他就把神学和哲学的最高原理归为了同一,这样做的贡献就在于划分了神和人的界限,这样的弊端就在于他不但遮蔽了古希腊哲学自觉思考的关于人学和神学的两条寻求本体的道路,而且忽视了神和人的关系,神和自然的关系成为了动因与被动的关系,神在亚里士多德这里比柏拉图的更加理性,但却忽视了人性的存在,没有人的情感和体验。

因此,古希腊哲学关于本体的探求有了一个较为详细的脉络。当然,在亚里士多德的哲学体系中,虽然有形式和质料合一的本体,有最高唯一实体的神,但其也模糊了古希腊哲学的人学和神学的形而上学追求路径。但是不可否认,近代哲学唯理论和经验论,甚至是中世纪哲学的实在论和唯名论都是在亚里士多德的哲学基础上开始的,他们要么强化了其“质料”的部分,要么强化了其“形式”的部分。

新柏拉图主义是古希腊晚期哲学发展出现的,当柏拉图和亚里士多德彻底划分了神和人的界限之后,以往古希腊哲学那种神人同形的理论就被至善的、永恒的、理性的精神实体所取代。新柏拉图主义所做的尝试就是用古希腊的哲学思想来解释和建构宗教哲学,其主要代表人物普罗提诺就主张:“把宗教当作哲学一样接受,追求相同的目的。”②这样,以普罗提诺为主要代表的新柏拉图主义既总结了古希腊哲学的智慧,又承启了中世纪哲学的开始,其特点在于“建构了超自然的世界图式,以明确人与神在其中的位

---

① 陆杰荣,牛小侠.论亚里士多德的“实体”学说及其意义[J].学术交流,2008(10):1—4.

② Armstrong. A. H. *The Cambridge History of Later Greek and Early Medieval Philosophy* London:Cambridge University Press,1967,p.277.

置,从而强化了哲学和宗教的同盟”[①]。普罗提诺主张将柏拉图的“理念”改造为“太一”。“太一”是至善的,是完满的,是万物的根据,是根基性的东西,处于序列的最顶端,“太一”之下依次的顺序是心智原理—灵魂—可感现象世界。那些处于序列之后的东西都是“太一”的流溢,只不过是按顺序的依次流溢。次级的心智可以观照“太一”,重复太一的活动,是静止的存在;再次一级的灵魂是心智的流溢,是运动的存在;紧接着,灵魂的运动会产生形相,就是可感的现象界的动物、植物等。这些按序列出现的“太一”—心智原理—灵魂—可感现象世界的来源都是一个,那就是最高的“太一”根据,“太一”在这里是终极的最高原理,也是神。“心智按其本性处于永恒的活动之中,灵魂朝着心智或围绕心智运动。太一、心智、灵魂虽说是三个领域,但实际上是统一体,类似从一个源泉中发出的流溢、辐射、散发、光照”[②]。因此,“普罗提诺第一次让可感世界的存在,而不仅仅是活动,依赖太一”[③]。哲学的最高问题成为了精神的问题,哲学的根基就从古希腊哲学最初所探索的物质本原转变为了精神的本体,宇宙、一切现象都是最高精神的产物,古希腊哲学为我们勾画了一幅精神的图景。因此,哲学的根基在普罗提诺这里再一次归于“神性”,人是处于神的流溢中的灵魂运动的自我,人只有通过自身努力实现对神的爱才能达到解脱,实现与神的统一。“人的灵魂摆脱其与客观现实的物质世界的一切联系,通过心智凭借神秘的出神、迷狂、对神的爱,同时又由于神的眷顾、

---

① 陈炎.形而上的诱惑与本体论的危机——兼论康德、牟宗三、李泽厚的得失[J].清华大学学报(哲学社会科学版),2015(5):115-126.

② [古罗马]普罗提诺.九章集[M].应明,崔峰译.上海:上海三联书店,2017:6:9:1.

③ [爱尔兰]丹尼斯·奥布莱恩,普罗提诺论恶——对普罗提诺关于人类恶观念中质料与灵魂的研究[J].刘玮译.清华西方哲学研究,2016(2):237-276.

干预，才能上升到与神结合、观照神这个终极本原太一”①。就这样，普罗提诺把柏拉图的“理念”、基督教神学以及神秘主义合体了，“神秘体验是要认识思考、语言和终极实在间不离不即的微妙关系。就其植根于人作为理性思考者的本性而言，对于思考、语言和终极实在的这种认识可视为广义的理性经验”②。因此，普罗提诺不仅仅强调哲学根基的精神性、神性以及理性通神，也为之后的中世纪神学提供了启示，为奥古斯丁等人的神学思考提供了借鉴。

公元 590 年至 1517 年，宗教发展到中世纪，宗教神学家试图用理性去证明和解释宗教观念，以达到人们理性思维发展对于信仰的要求，哲学与神学融为一体，具有理性色彩的神学体系不断出现，中世纪形而上学成为神学的工具，而那些传统的“希腊哲学的理性精神和论证方法并没有死亡。它们被基督教思想家系统地吸取并加以运用，成为建构基督教神学教义体系的根本方法”③。因此，中世纪哲学家们让理性服从信仰，但并没有驱逐理性，基督教神学就是上帝本体论的神学形而上学建构。中世纪形而上学突出特点就是认为人只能追求智慧，而永远达不到智慧本身，其代表人物主要是奥古斯丁和阿奎那。

奥古斯丁认为：“智慧是关于人的和神的事情的知识。”④因此，自古希腊哲学发展至中世纪形成的关于形而上学的两条路径在奥古斯丁这里继续被实践着，只不过奥古斯丁认为：“关于神圣之事

---

① 王晓朝．西方哲学精神探源[M]．北京：北京大学出版社，2016：236.

② 何宝申．普罗提诺神秘主义的哲学诠释与批判[J]．世界哲学，2018(5)：83－89.

③ 王晓朝．西方哲学精神探源[M]．北京：北京大学出版社，2016：41.

④ [古罗马]奥古斯丁．论三位一体[M]．周伟驰译．上海：上海人民出版社，2005：370.

的知识可专称智慧，关于人的则可专称知识。”[①]这样，奥古斯丁把形而上学根基发展的两条路径都归为神学的建构，神性的根据。哲学与神学就结合了起来，以神为核心，信仰为前提，把普罗提诺的“太一”改造成了“上帝”，上帝是超越时空的存在，而且是圣父、圣子、圣灵三位一体的存在，上帝用自身的“道”来创造万物，宇宙万物又遵循上帝所创造的秩序，这种上帝所创造的秩序是一切存在和运动的基础，上帝在自然的对象上面打上烙印，宇宙间的有限事物都在展现“整一”，体现上帝，世间有限的万物在体现上帝中寻求和谐一致，越是整一程度高，证明有限事物越完美，越接近上帝，而最完美的整一就是上帝自身。这样一来，奥古斯丁就把上帝作为了万事万物的根据，并且这个上帝是有人格的上帝，是神学或哲学的本体所在。人作为上帝和有限事物之间的存在者，是有灵魂的存在者，是接近上帝整一的比较完美的存在，人要在现实生活中摆脱欲望和身体的束缚，通过灵魂去认识上帝并服从上帝，在这个过程中既能认识自己，也能找到自身的本源所在，使灵魂认识上帝，形成真知识。“奥古斯丁保持了上帝作为唯一的绝对造物主的纯洁性，排除了古希腊哲学中二元论和泛神论的思想因素。”[②]哲学本体论与神学目的论统一结合在一起了。奥古斯丁从上帝的本体性出发，为知识划定了界限，他说：“一个人可以在自己心里看到的东西，听他说的人只能相信而不能看到；而一个人在真理本身中看到的东西，也是别人能够在真理本身中得见的：这乃是两回事。其中前者是与时俱移的，后者则是与不变的永恒同在的。我们不是凭着肉眼看见许多心灵后，才得到了关于人心的一般或特殊的知

① [古罗马]奥古斯丁．论三位一体[M]．周伟驰译．上海：上海人民出版社，2005：370．

② 高文新．欧洲哲学史研究[M]．北京：人民出版社，2016：123．

识的，而是先得睹了不朽的真理，按着它来尽力规定心灵应该凭着永恒的相成为何种事物，而非规定个别人的心是何种事物的。”[①]这两类知识的获得途径是不同的，一类是通过感官去感知，也就是人们看到的知识，这种知识具有不确定性；一类是通过自身去感知，也就是灵魂获得的知识，这种知识具有确定性；“奥古斯丁非常强调感知或‘内直观’的主动综合能力”[②]，奥古斯丁认为，当人的认识能力在先天的规则和条件下发挥认识潜能时就可以获得真理性认识。那么，这个先天的条件就是“上帝的光照”。当上帝的“道”通过“光照”向人展现理性之光的时候，人们才能运用理性通过“光照”来认识真理。奥古斯丁虽然在其哲学中不断地肯定神性在认识真理过程中的决定作用，但是他没有否认人的理性，坚持认为用理性来说明感性知觉的获得，其本质是“维护了理性主义可知论”[③]。

作为中世纪哲学的代表人物，托马斯·阿奎那最著名的就是关于上帝的存在的证明。当然关于上帝的存在证明存在一个问题，那就是万物运动的推动者的上帝、是第一动力因的上帝、是证明其他存在者存在的自身有它自己必然性的上帝、是为其他万事万物提供参照标准的最善、最完美的上帝、是自然事物得以达到它们目的的最后目的的上帝的推论是形式逻辑的推论，形式逻辑所强调的因果顺序使得上帝存在的原因陷入循环中而无法自证。因而，以往关于上帝存在的证明都是形式逻辑下的证明，而要得出上

① [古罗马]奥古斯丁.论三位一体[M].周伟驰译.上海：上海人民出版社，2005:249.

② 张荣.“理性的致命一跃”：康德对恩典学的改造及其意义辨析——兼论奥古斯丁与康德自由意志思想的张力[J].福建论坛(人文社会科学版)，2018(8)：102－111.

③ 王晓朝.西方哲学精神探源[M].北京：北京大学出版社，2016:92.

帝如何被创造的解释,就需要“特别的启示”,那就是耶稣基督显示了上帝的存在。这种通过耶稣基督的启示就不是诉诸于逻辑的思考,而是需要人们去体验和感悟才能得到,或者是通过教会以及经籍的传播才得到的,“那些超乎人的认识能力的东西,人固然是无法藉理性予以探究的。可是,既然它们经由上帝启示出来了,则它们就必定能够藉信仰为人们所接受”①。就这样,在阿奎那这里关于上帝存在的逻辑证明并不能真正保证上帝的存在,于是,有关上帝存在的本体论证明,最终仍然要由理性交还给信仰。“神所启示的《圣经》并不属于哲学的范围。因为哲学是由人的理性构建起来的。因此,在哲学学科之外,另有一门源自神的启示的科学,是有益的。我的回答是:在由人类理性所探究的哲学学科之外,另有一门源自神的启示的学问,对于人类救赎是必要的。这首先是因为,人之指向上帝,即是指向一个超出人的理性理解范围的目的”②。这样一来,“在阿奎那看来,上帝一旦按自己的形象创造人,便借此进入人类的历史,参与人塑造其命运的活动,从而内在于作为其形象的人,人便由此而获得超越性,人与上帝间形上的天人关系也就由此找到了建立的基础,而‘神人合一’也就被树立为人的知识论所追求的最高点”③。由此,托马斯·阿奎那关于上帝存在的证明就不是理性的证明,而理性也只是神学之下的附庸。形而上学的根基毋庸置疑的在神学的统治下是以“神性”为基础的,人性被神性所笼罩。

---

① [古罗马]托马斯·阿奎那. 神学大全(第一集)第1卷[M]. 段德智译. 北京:商务印书馆,2013:4.

② [古罗马]托马斯·阿奎那. 神学大全(第一集)第1卷[M]. 段德智译. 北京:商务印书馆,2013:3.

③ 刘素民. 从“心物无分”与“理智抽象”看托马斯·阿奎那的知识论[J]. 哲学研究,2017(4):95—102.

因此，中世纪哲学把一切都归结为“神性”根基，“人性”被淹没在“神性”之中。哲学成为论证神学的理论工具。文艺复兴和宗教改革，释放了神性对于人性的压制，使人们开始重新思考人类有没有理性的能力去追寻形而上学最终的归宿。文艺复兴是欧洲各个国家对于古希腊和古罗马文化的这种归宿的寻找，是近代欧洲走出中世纪的阴霾而实现的科学与艺术的复兴的关键时期。随着文艺复兴的展开，人们对于现实生活中的人更加关注，关注人的思想和身体的自由程度，反对中世纪以来所形成的以神为中心的思想，力图破除对于人性的禁锢，坚持以人为中心，主张实现人的价值和尊严。无论是但丁、达·芬奇、莎士比亚和米开朗基罗，还是塞万提斯、丢勒、蒙田、哥白尼、伽利略，等等，这些作家、画家、诗人或科学家在文学、艺术和科学等方面都开始强调关注人性，复兴古典，创新求知。哲学在这时也转向了人的生存世界，开始回归人的主体性的哲学思考方式，要求解放人性。同时，这一时期的宗教改革运动也进一步的使人们摆脱了中世纪以来，尤其是近代发展中基督教作为国家统治的宗教后由天主教主导的政教体系的束缚，新的教义强调每个人都可以与上帝进行沟通，强调每个人存在的价值，强调人性的自由，正是由于宗教改革动摇了教会统治的政治基础，为启蒙运动开辟了道路。这样近代哲学家们便开启了近代哲学关于哲学认识论的探讨，近代哲学家们通过启蒙运动的洗礼，在哲学领域开启了对于人性的复兴，对神性的拒斥，近代哲学的主要代表经验论和唯理论的哲学路径展开即是以古希腊哲学两条路径为开端和萌芽的。

一　近代经验论和唯理论哲学建构中的“科学”向度

“近代科学是近代哲学的灵魂，是近代哲学基本性质和特点上的根据。正是由于有了近代科学作为基础，近代哲学才摆脱了古代哲学所具有的素朴性和直观性，成为在科学资料基础上的自觉的理论思维”①。尤其是启蒙运动以来的自然科学和数学的发展和独立成科学知识形态，为人性取代神性提供了前提，也为提出科学建构形而上学提供了样板：具体表现为以自然科学为基础的英国经验论和以数学为基础的大陆唯理论哲学。经验哲学在吸纳自然科学的关于经验直观、归纳、分析、综合和推理的研究方式的基础上形成了获得知识本质的思维方法，促进了自然科学的发展，也形成了以自然科学为基础的形而上学。唯理论哲学所强调的以“主体”为核心的哲学思维方式，运用数学的思维方式，赋予人能动性，使人的理性可以直观到事物的本质，形成了科学的形而上学知识。

1. 经验论哲学与自然科学之间的内在关联

经验论哲学循着古希腊哲学家亚里士多德强调“质料”的方向，经历了中世纪经院哲学的欧洲，理性的萌芽开始复苏，尤其是文艺复兴运动的发展，使人的理性从宗教神学的压制中逐步地解放出来。经验论的发展是与自然科学的发展密不可分的，从哥白

① 高文新. 欧洲哲学史研究[M]. 北京：人民出版社，2016：156.

尼的"日心说"到伽利略、牛顿开始的实验科学，自然科学成就的获得使人们开始运用理性去反思人与自然的关系，科学家们在研究中运用的不同的研究方法也为哲学的一般概括和总结提供了支持和启示，自然科学为经验哲学的发展提供了科学支撑。同时，更重要的是哲学为科学的发展提供了方法论和思维范式的指导。经验论的主要代表人物培根在《新工具》一书中确立了科学理性的地位，培根所代表的近代经验论哲学反对经院哲学，特别是经院哲学中的唯理论。希望通过事情本身自己的运动产生出科学，强调经验中给予的事实的真实性，从经验出发来发展哲学。培根希望以一种归纳回溯的方式奠定哲学基础，而这种归纳回溯恰恰为自然哲学提供了研究方法，也为哲学开启了新的研究方式。培根所希望建立的归纳方式不是低级的单纯的列举，而是"借助于一些正确的、准确的排除和否定，把事物区分开，把真正的原因或事物的根据限定在一定的小的范围内，从这个小范围的事实的基础上进一步的用归纳的方法指导形成命题，再从命题形成普遍的原则"[①]。因此，培根希望在哲学发展中也采用归纳的方式达到一些普遍的原则，而后从这些普遍的原则出发来达到确定性。这样，哲学发展的根据就不再是中世纪所谓的神，也不是具有主观意识的人，而是通过运用科学的方法形成的经验知识的普遍原则来建立哲学的根据。不难看出，虽然培根在其哲学中确立的科学理性，为自然科学和经验论哲学提供了研究方法，但是，人在培根这里就成为了自然的解释者，而失去了主动性的地位，同样，如果想实现主客体的同一，也只能在"经验"的范围去进行同一。

洛克作为培根之后的经验主义哲学家，系统地论证了经验论

① 金歌等. 中外名著博览(人文社科卷)[M]. 上海：上海科学技术文献出版社. 2015：16－17.

的原则,认为经验是知识的起源。自然科学的发展使人们相信任何科学的形成都是需要建立在客观的现实基础上的,都是与经验世界相接触的,否则无法获得科学的认识,也无法产生真正意义上的哲学。尤其是牛顿在其科学研究中特别强调经验实证,每一科学认识的获得需要得到经验的证明。化学家荷伯格也认为需要实验化学才能发展化学科学,都使得洛克更加确信,经验是知识的来源,是哲学的基础。与此同时,洛克还在其哲学中强调被感知的物体具有第一性质和第二性质。第二性质的东西主要依存于第一性质的东西。第一性质主要指广延、形相、运动、数目等,第二性质主要指人的感官感受到的物体与人的感官相作用而产生的色、味、声等感觉时所具有的各种相关能力。对此,洛克指出:第二性质"并不是物象本身所具有的东西,而是能借其第一性质在我们心中产生各种感觉的那些能力"[①]。因此,洛克用物质第一性质的东西作为物质第二性质东西的根据的哲学思考,其本质就是寻找物质的外部特征的内在根据。因此,洛克哲学还是"一种更为抽象的有关实在的构成和第一性质的形而上学,在此意义上,洛克仍是一位形而上学家"[②]。他运用物质的运动形式的差异、数量的组合、空间的排列顺序作为一切物体的内在根据,成为了近代自然科学,尤其是物理和化学的理论基础。最后,洛克为自然科学的发展提供了认识论的指导。洛克把知识的来源归结为外部经验和内部经验两类,也就是我们通常所说的感觉和反省(对感性材料进行抽象,去粗取精,去伪存真,由此及彼,由表及里)。这两种知识的类别不是相互分离独立的,反省需要通过感觉材料的积累,感觉基础上得到

---

① [英]洛克.人类理解论[M].关文运译.北京:商务印书馆,1981:101.

② 宫睿.洛克论"名义的本质"与"实在的本质"[J].哲学研究,2017(12):89—96.

经验是简单的观念，需要心灵的反省才能获得抽象的复杂的观念。因此，知识也是有限的，因为经验就具有有限性。认识的发展就是需要从简单的低级阶段发展到复杂的高级阶段的过程，洛克的哲学为自然科学的发展提供了进步的理性支持，也为哲学自身产生的根据确定了认识论的基础，人再一次的被视为自然科学的附庸。

贝克莱是在批判洛克的抽象的观念基础上建立的经验哲学。贝克莱认为：“存在就是被感知”，“所谓它们的存在就是被感知，因而它们离开能感知它们的心灵或能思想的东西，便不能有任何存在”①。那么，观念只能来源于直接的个别的可感事物，可感事物的观念构成了主观世界，他认为“所有实存之物都是特殊的”②。因为贝克莱并不认为有抽象的观念存在，也不认为个别的事物中的性质可以单独存在。贝克莱运用自然哲学中分析的方式，认为要想获得科学的认识，就必须在个别事物的实存中进行分析。“人们以为心灵有形成抽象观念和事物概念的能力”③是人类知识错误的重要根源。这种心灵形成抽象概念的能力并不包括把可感事物分解为各种单独的可感性质，也就是说贝克莱反对那种脱离了实际存在中其他相关属性的抽象概念，如果把能够感知的事物单独分解为可感性质，人类就不会获得关于知识的整体认识，感知是一种感觉的综合。因此，“我所见、所闻、所触的，都是存在的，都是被我感

---

① ［英］乔治・贝克莱．人类知识原理［M］．关文运译．北京：商务印书馆，2010：23．

② George Berkeley. *Philosophical Writings*, *edited by Desmond M. Clarke*, *Cambridge University Press*. 2009, p. 175.

③ ［英］乔治・贝克莱．人类知识原理［M］．关文运译．北京：商务印书馆，2010：5．

知的"[1]。同时,他也反对脱离了个别事物的感性经验空谈的、抽象的普遍概念,因为事物存在的意义就在于被感知,脱离了个别事物的感性经验,抽象的概念就变得失去了价值。因此,哲学的思考既要建立在可感事物给予的各种感觉的综合统一中,又要建立在个别事物的感性经验的基础上。为此,贝克莱取消了洛克关于事物性质的划分,认为第一性质就是第二性质,二者都存在于人的心灵之中,那些个别的可感事物就是我们的感觉,是我们的心灵通过思考可以发现的。贝克莱指出"我们所感知的又只有我们观念或感觉"[2]。这样,贝克莱再一次为自然科学的发展提供了方法性的理论支撑,自然科学的发展要依赖于对感觉经验事物的整体认知和分析归纳。

与所有的经验论哲学家一样,休谟也把经验确定为一切知识的基础。知识的可靠性需要接受经验的检验。与洛克、贝克莱等经验论哲学家不同,休谟强调观念即印象。他指出:"我们所有的简单观念在最初形成时都来自于简单印象,这些简单印象都和简单观念相对应,而且为它们所精确地再现。"[3]并且,"我们的印象是我们的观念的原因,而我们的观念不是我们的印象的原因"[4]。这样,如果从认识的顺序来看,印象先于观念,因而想象所形成的观念就会与印象对应的出现。休谟哲学中的观念总体上就是对印象的复现或反映,从而认为从印象推移到某些观念的过程就是因果推理。我们的印象在休谟看来,可以分为反省印象和感觉印象,知

---

① [英]乔治·贝克莱.人类知识原理[M].关文运译.北京:商务印书馆,2010:41.

② [英]乔治·贝克莱.人类知识原理[M].关文运译.北京:商务印书馆,2010:24.

③ [英]休谟.人性论[M].石碧球译.南昌:江西教育出版社,2014:3.

④ [英]休谟.人性论[M].关文运译.北京:商务印书馆,1997:17.

觉作为相互接续的时间观念就是既包括观念也包括印象。因而，“当观念是对象恰当的表象时，观念之间的关系、矛盾和一致都可以应用于对象；而且我们大体而言，这是人类全部知识的基础”[①]。这样，观念和印象所构成的知觉就成为了自然科学发展的哲学基础，那些我们认为的时空观念就是知识得以形成的条件，当然，经验是观念的范围，为我们提供了类似颜色、声音等的感觉印象，也为我们提供了诸如情感、情绪、厌恶等的反省印象。但在休谟这里，那种由印象推移观念的因果关系是不具有必然性的联系，是一种接近关系和接续关系，所谓必然性的联系仅仅是心灵依据习惯的联想。“对象之间并没有可以发现的联系；我们之所以能根据一个对象的出现推断另一个对象的存在，并不是凭着其他的原则，而只是凭着作用于想像上的习惯”[②]。也就是说，我们通常意义理解的一物推出另一物的所遵循的理性的必然性并不存在，而因果推理其本质就是“习惯”。此外，休谟认为：“实体观念正如样态观念一样，只是一些简单观念的集合体，这些简单观念被想像结合了起来，被我们给予一个特殊的名称，借此我们便可以向自己或向他人提到那个集合体”[③]。这样，在休谟看来，无论是实体观念还是样态观念都是一种心理习惯的结果。因此，存在的东西是一个经验事实，不能用理性去证明，必然的存在者本身不能找到存在的第一因，这只是一个逻辑命题，因为从时间先在性上看，永恒存在的事物不可能有一个原因，因此必然存在者并没有什么实在的意义。休谟的经验论思想确实为我们提供了一种根据，但是这种根据并不是确定的感觉、经验，而是值得怀疑的对象，这就为哲学和自然

① ［英］休谟．人性论［M］．石碧球译．南昌：江西教育出版社，2014：22．
② ［英］休谟．人性论［M］．关文运译．北京：商务印书馆，1997：123．
③ ［英］休谟．人性论［M］．关文运译．北京：商务印书馆，1980：28．

科学的发展设置了一个难题，人类知识的大厦的根基在休谟这里被动摇了。

总之，经验论哲学与自然科学存在着内在的关联。其一，二者都强调感觉的真实性，认为认识的来源是感觉，或者是感觉的不同结合形式。个别感觉或质料所形成的共同点，即“人所创造的知识本身才具有普遍性，普遍是主观所具有的，客观事物只是个别的”[①]。其二，二者都强调认识对象的客观性，或是个别的东西，即在经验世界中寻找感性材料来获得认识，个别的才是最真实的。在感性世界无法获得证实的东西，要么是虚幻的，要么是不可认识的。无论是牛顿力学、道尔顿化学原子论、加诺的机械现象之间的联系，还是细胞学说、拉马克的物种变异思想、达尔文的生物进化论等等自然科学发展都为经验哲学的发展提供了经验的质料和形式。其三，二者都强调科学的认识方法，经验论哲学接受了来自于自然科学的经验事实、归纳、类比、分析等经验的方法来建构哲学，无论是归纳法、观察实验法等都是获得认识的科学方法，经验论主要强调认识的客观内容，本质上看是接受自然科学的形而上学，并以此获得关于认识的确实的知识。但是经验论对于主体思维的理解并不深刻，认为主体意识要服从于客体对象，“思维把握对象的实质就是思维得自感觉的观念去表现对象，即思维实质上是在经验的内容中的作用”[②]。因此，哲学根据的自然性、经验性的特征是这一时期哲学发展的主要特征，人在经验哲学发展中只是寻找哲学根据的中介，而不是具有主动性的行为者，也不是哲学的根基所在。

---

① 高文新.欧洲哲学史研究[M].北京：人民出版社，2016：231.

② 高文新.欧洲哲学史研究[M].北京：人民出版社，2016：224.

2.唯理论哲学与数学之间的内在关联

近代唯理论哲学的重要任务是反对经院哲学,反对经院哲学所提倡的通过概念的主观的运动产生科学,而是希望对象通过自己的运动来产生出科学。“当时在新的经济基础上成长的近代自然科学通过科学方法的自觉运用(数学的演绎方法,经验科学的归纳方法)以致获得了它自身的独立性,给予了近代哲学一个很深刻的方法论影响”①。因此,近代唯理论哲学的发展与数学是有着内在关联的,数学要求从先天的观念出发,要用演绎的方式,推出一切的知识,保证知识的普遍必然性。因而,笛卡尔的“我思故我在”;斯宾诺莎的几何学证明;莱布尼茨的“充足理由”等都与数学发展相关。

笛卡尔建立了解析几何学,用数学的思维方式,从“我存在”这样一个出发点开始进行主观逻辑的推论,也就是说,当我以一种确定的方式存在时,也必须以同样的方式断定与我相关的事物也存在着。知识之所以能够为真,必须要建立在一个已知为真的基础上,这个基础就是能够证明它所奠基的知识的合法性而存在的。笛卡尔指出:“要研究获得知识的方法,则我们必须起始研究那些号称为原理的第一原因。”②因此,笛卡尔进行推论的第一步就是首先确定一个原理,也就是“我怀疑一切”,这种怀疑意味着人们在认识到事情的关系之前,都要持怀疑的态度,不把任何东西都看成是真实的。笛卡尔认为那些通过感性方式而被认识的事物是值得怀疑的,因为这些事物的存在是有所依赖的。数学真理也是值得

① [荷]斯宾诺莎.笛卡尔哲学原理[M].王荫庭,洪汉鼎译.北京:商务印书馆,2016:译序11.

② [法]笛卡尔.哲学原理[M].关文运译.北京:商务印书馆,1960:ix.

怀疑的,因为我不确定数学真理是不是我的灵魂,是不是我在那些确定的事物上产生的错觉。我的怀疑越是强烈,就确保了我越是真实的存在。那么,我存在的依据就是我怀疑,我思考。“如果说培根的方法偏重于归纳法,这是当时经验科学的影响,那么,笛卡尔和斯宾诺莎的方法偏重于演绎法,则是和当时数学、几何学的发展密切联系的”[①]。笛卡尔就运用几何学推论的方式,表明了我可以与我之外的表象融为一体,思维和存在可以直接同一,那就是“我思故我在”,我存在本身就已经包含在我思考之内,思维是我存在的实体,我在思考的状态下存在着。因此,我只需要思考上帝,就必然认识到,上帝存在。因此,笛卡尔哲学的根据甚至开端就是那个理性的“我思”,而“我思故我在”这样一个第一原理就是笛卡尔哲学体系的基础,也是哲学作为科学的必要条件,从而成为其他一切科学知识的必要条件,知识就是那个被证明的已经为真的基础和在这个基础之上的几何学式的严格推理,显然,笛卡尔遵循着先因后果的哲学思维方式。笛卡尔哲学的意义在于确立了人的理性的地位,使人的理性这种抽象的原理成为哲学的根据,也使近代哲学开始在认识论上有了主体性的自觉。同时,笛卡尔建构了几何学式的体系推演方式,即通过第一原理的证明使得获得的知识的可靠性,为哲学寻得了基础性根据。当然,笛卡尔的第一原理并没有真正实现主客体的统一,仅仅是在思维范围内实现了思维与存在的同一。因此,笛卡尔否认思维的对象来确立认识主体的方式,本质是存在统一于思维,是主观领域的一次哲学根基确定的尝试。

斯宾诺莎作为唯理论的重要代表人物,“数学几何学方法在斯

① [荷]斯宾诺莎. 笛卡尔哲学原理[M]. 王荫庭,洪汉鼎译. 北京:商务印书馆,2016:译序 13.

宾诺莎体系认识论里，绝不是什么可有可无的外在形式，而是作为反对经院哲学的斗争武器，是和他的唯理主义认识论密切相联系的”[①]。利用几何学证明，斯宾诺莎宣称“将要考察人类的行为和欲望，如同我考察点、线、面和体积一样”[②]。在斯宾诺莎看来，“仿效数学的范例，从最明白的东西进到最暗昧的东西，从最简单的东西进到比较复杂的东西”[③]。因此，获得真理的正确的方式就是从简单到复杂的过程，而寻找真理一定要找到一个正确的哲学前提，他批判笛卡尔的哲学前提“我思故我在”是错误的，因为寻找真理的途径或方法的运用必须要建立在一个正确的前提之上。那么，这个正确的前提就是神，因此，关于神的观念就是真观念，也能保证真理的确定性。他认为：“没有获得清楚而明晰的神的观念之前，我们就不能确信任何东西。而在我们不知道我们本性的创造者是否欺骗我们以前，我们就不能有这种观念——则我们对神的存在或某种数学真理更不能有所怀疑。”[④]因而，斯宾诺莎认为笛卡尔从后天来证明神的存在，用神的观念来证明神的存在是不科学的，只有从神的本性来考察神的必然存在才是正确的。“单独考察神的本性，就可以认识神的存在。……只有根据本命题才可以说存在属于神的本性，或者说，神的概念包含着必然存在，正如三角形的概念包含着三角形三内角之和等于两直角；或者说，神的存在一如神的本质，乃是永恒的真理，对神的属性的几乎全部知识都依赖于

---

① [荷]斯宾诺莎. 笛卡尔哲学原理[M]. 王荫庭，洪汉鼎译. 北京：商务印书馆，2016：译序 15.

② [荷]斯宾诺莎. 伦理学[M]. 贺麟译. 北京：商务印书馆，1983：90.

③ [荷]斯宾诺莎. 笛卡尔哲学原理[M]. 王荫庭，洪汉鼎译. 北京：商务印书馆，2016：136.

④ [荷]斯宾诺莎. 笛卡尔哲学原理[M]. 王荫庭，洪汉鼎译. 北京：商务印书馆，2016：53－54.

本命题,这些知识使得我们热爱神(或获得最高的幸福)"[1]。对于神的证明方式的变化,其本质是思维方式的变化,神是自因的,事物与上帝的关系就是事物与实体的关系,而不是那种事物与原因的关系。事物在上帝之内作为一些特殊的形式或样式存在着,而上帝则通过这些存在于它之内的样态呈现出来,以此彰显自己的存在。"对于被创造的事物可以说,它享受自己的存在,这是因为它的存在并不来自它的本质。反之对于神,就不能说它享受存在,因为神的存在正如神的本质一样就是神自身。"[2]上帝在其自身内通过某个特定的方式而表现出来,表现出上帝的本质,这时的上帝并没有受到限制,而是分有了上帝的本性。斯宾诺莎利用几何学中的三角形的本性派生出三角形的各种分殊推出了上帝的本性派生出了思维和广延两个直接存在形式,实体借助思维和广延两种形式把自身设定为直接存在着,上帝在派生属性时并不是运动的,而是像几何学中的三角形一样,按照直角三角形的本性,派生出斜边与直角边的关系,是"一种单纯的逻辑上的关系"[3]。他说:"无限多的事物在无限多的方式下都自神的无上威力或无限本性中必然流出,这就是说,一切事物从永恒到永恒都以同等的必然性自身而出,正如三内角之和等于两直角是从三角形的必然性而出那样"[4]。当然这种作为实体之下的思维和广延两个属性的统一是外在的、形式上的统一。思维和广延的属性是介于上帝和个别的有限事物的之间的中间环节,如果继续几何学式的推理,作为一些新的中间

① [荷]斯宾诺莎.笛卡尔哲学原理[M].王荫庭,洪汉鼎译.北京:商务印书馆,2016:65.

② [荷]斯宾诺莎.笛卡尔哲学原理[M].王荫庭,洪汉鼎译.北京:商务印书馆,2016:166.

③ [德]谢林.近代哲学史[M].先刚译.北京:北京大学出版社,2016:49.

④ [荷]斯宾诺莎.伦理学[M].陈丽霞译.北京:光明日报出版社,2010:15.

环节,运动和静止又是广延的直接属性,意志和理智又是思维的直接属性。在斯宾诺莎看来,“虽然按照一种时间的方式,每一个物都是派生自另一个物,但是按照一种永恒的方式,每一个物都是派生自上帝的本性,确切地说,一个接一个地派生出来。所有事物——现在存在着、过去曾经存在着和未来将会存在着的事物——都是按照一种永恒的方式,通过上帝的本性而被设定下来,就像一个三角形的各种属性被设定下来那样”①。因此,斯宾诺莎的整个哲学体系就是把无限的实体置于最上方,依次是属性、样态、分殊这样一个几何学式的演绎方式。

因此,不难看出,数学的思维方式在斯宾诺莎哲学中体现得非常突出,尤其是利用几何学原理进行推演,在斯宾诺莎哲学中神是那个在几何图形顶端的一个通过自身而被理解的东西,是一个不以任何别的概念为前提的东西,具有几何学派生本性,世界仅仅是基于神而存在的东西,是神派生出来的东西。但是,斯宾诺莎哲学的意义在于通过建构一个自因实体作为哲学的根据,同时用体系来证明根据的基础性地位,即使这个体系是静态的,但也成为了哲学发展中寻找形而上学根据的重要一环。

莱布尼茨创立了微积分学,利用这种数学的思维方式,在其著作《单子论》中他提出:“我们的推理建立在两大原则上,即是:①矛盾原则,凭着这个原则,我们判定包含矛盾者为假,与假的相对立或相矛盾者为真。以及:②充足理由原则,凭着这个原则,我们认为:任何一件事如果是真实的或实在的,任何一个陈述如果是真的,就必须有一个为什么这样而不那样的充足理由,虽然这些理由常常总是不能为我们所知道的”②。因此,充足理由律就是推理得

---

① [德]谢林.近代哲学史[M].先刚译.北京:北京大学出版社,2016:50.

② 陈乐民.莱布尼茨读本[M].南京:江苏教育出版社,2006:39,40.

以确证的原则所在，莱布尼茨通过充足理由律的运用进行整个哲学体系的展开。他首先认为一切事物都有一个成因，这个成因决定了这个事物为什么存在，那么，单子的成因在于那个最高的单子。最高单子就是实体，是一种精神性的实体。因为单子的那些单元是一切物质性东西的最终的、精神性的要素。单独的单子就其自身而言都是绝对无形的，是一种纯粹的表象能力。单子与单子的区别在于量的差别，有些单子具有意识，而有些单子不具有意识，每个单子都是封闭在自身内的一个独立的实体，单子的数量越多，实体的数量也越多。但是这些单子要处于一种归属和统摄的关系之中，许多单子可以组成一个整体，这个整体由一些相对低级和一些相对高级的单子构成，最后上升为一个唯一起支配作用的单子，这个起支配作用的单子就是上帝，上帝是那个原初的单子，是一切其他单子存在的理由。上帝作为原初的单子，通过神性的持续闪耀，其他所有单子被产生出来，上帝作为唯一实体，产生了其他实体。这些被产生出来的单子只是在某种程度上以安静的方式接纳上帝、表现上帝。

此外，莱布尼茨的另一个重大贡献在于把事物进行差别化和层次化的划分，找出最真实的知识本身。因为事物的感性存在、直观存在只是一种现象，最重要的是事物背后的成因才是最真实和重要的。莱布尼茨把无机的、总的说来所谓的僵死物体的世界称作一个沉睡着的单子世界，把植物和动物的灵魂称作仅仅处于是睡梦中的单子，把理性灵魂称作是清醒的单子。那么，这种理性的灵魂就是一种真实的存在。而科学的发展都需要去寻找那个自然现象发生的第一因和背后的理性原则。“充足理由律”一大功能就是确保推理的正确性，在演绎逻辑和归纳逻辑中都起着重要的作用。叔本华就认为：“充足理由原则的确具有极其重要的意义，因为它可以真正地被称之为一切科学的基础”①。因为，“充足理由律”的一个最大的特点就是把那些各自分离的命题联系起来，把观念从其自身的理由中推导出来。因为在莱布尼茨看来，“一切物质现象都必须按照有效原因和机械原因来加以说明。而这个思想其实意味着：一旦宇宙已经被创造出来，宇宙之中的一切东西，在能够按照它们自己的充分理由来说明和理解的意义上，作为一个整体都是自足的”②。因此，莱布尼茨哲学的重要意义就在于用一个最高的原则来统摄整个体系，并且利用数学知识使体系的建立具有充足的根据，使得最高原则的体系下存在的各个部分具有正确性，但是莱布尼茨的思维主体发展还没有冲破形而上学的机械论的局限性，而使思维的主体非主体化。

因此，唯理论哲学的发展，其本质就是数学推理的形而上学。其一，从认识的来源来看，都强调思维本身。“理性本身先天地具有并非来自感觉经验的天赋观念。在天赋观念的基础上，人们可以理解和认识各种事物”③。与经验论相反，数学思维为唯理论提供了思维过程，但这个思维的认识过程是不可还原的，因为认识是在包括思维等各种要素之上进行的活动。其二，从认识对象来看，唯理论哲学和数学都强调对象的一般，即普遍真理，侧重于认识的主观思维形式。普遍是事物中的本质，是最真实的，普遍并不是经验论所强调的事物的共同点，而是认识的真实根据，也是决定事物本真的根据。其三，在方法上，唯理论和数学都强调逻辑推理、推

① ［德］叔本华．充足理由原则的四重根［M］．陈晓希译．北京：商务印书馆，1996：6．

② 徐向东．莱布尼茨的动力学与神性的宇宙［J］．云南大学学报（社会科学版），2007(3)：16－26．

③ 高文新．欧洲哲学史研究［M］．北京：人民出版社，2016：224．

演、主体反省等方法。无论是笛卡尔、斯宾诺莎所运用的几何学推理，还是莱布尼茨的“充足理由律”，唯理论哲学都强调数学的思维方式，以数学提供的方法论来进行思考，通过纯思维的形式来推理事物的本质，能够把握事物的普遍法则或必然规律，其本质是唯理论对于科学方法的反思，试图打造以数学方法为根据的形而上学。但是，当唯理论把人的主观性思维或人的“理性”看作是事物的根据时，其局限也显而易见，因为这些普遍法则并不具有内容，是一种不确定性的空洞的普遍性，这种思维方式试图达到彻底的理性是不可能的。

3. 知识论危机与形而上学“根基”的重建

经验论从贝克莱所确立“存在就是被感知”开始不可避免地走向了怀疑论，因为感觉是否真实、科学知识何以可能的讨论一定会被后来的哲学所思考和质疑，这就是休谟的怀疑论。一方面，休谟把获得知识的途径和形式归结于因果关系。人类的大多数的科学都是依赖于因果关系的，而因果关系的获得知识靠的是经验事实，而不是推理。但是经验观察并不能保证我们能够发现事实之间的因果联系，那么，因果联系的获得就是人们对于一件事物出现而期待另一事物出现的心理习惯。“知性决不会觉察到对象之间的任何真正的联系，即使是因果之间的联系，当它被严格考察时，也会把自身分解为观念的习惯性联想。”[①]因此，经验观察所获得的因果联系是没有可靠依据的心理联想，没有必然性。休谟的这一观点对于理性主义所坚信的客观必然性的信念是一种打击，对于唯理论所坚信的理性思维是一种强烈的质疑。那么问题就在于当休谟

① ［英］休谟．人性论［M］．石碧球译．南昌：江西教育出版社，2014：202．

把因果联系归结为心理习惯时，就否认了知识的可靠性，也就拒绝了承认思维和存在的统一。“我们在各个方面都得承认，在这些可感的性质和秘密的能力之间并没有可知的联系；因此，人心不论在它们的本性方面知道什么东西，它也不能借此对它们的恒常的规则的联络有任何结论”[①]。这样，如果人们通过因果联系获得了知识，这种知识也是不可靠的和偶然的。“我们必须停止在某处；在人类能力的范围之内永远不能解释最后因，或说明任何对象的最后的关联。假若我们所采取的步骤都为经验和观察所支持，那就足够了”[②]。我们只能在经验的范围内形成知识，但是知识的普遍必然性不能保证，形而上学思考的有效性也要建立在经验的基础上，但是经验无权作出形而上学的判断。休谟这一思想直接影响了康德的先验哲学。

另一方面，休谟把归纳的方法看成了获得普遍必然性知识的唯一方法，因为知识的必然性一定要经过必然有效的推理的形式得到才可靠。但是休谟的归纳逻辑建立在习惯和信念之上，并不能保证逻辑前提的普遍必然性，因而是无效的逻辑，那么这个逻辑所获得的科学知识也不具有普遍必然性。因此，自然科学中命题、推论和定律都是值得怀疑的偶然性的东西，经验论所追求将经验作为科学知识基础的目标在休谟这里被摧毁了。赖欣巴哈就指出：“那是经验论者的两难论题：他或者是一个彻底的经验论者，因此不能承认分析陈述或从经验中推导出来的陈述以外的任何结论——这样他就不能进行归纳推论，并且必须放弃任何关于未来的陈述；如若不然，他就须承认归纳推论——这样他就承认了一个

---

① [英]休谟．人类理解研究[M]．关文运译．北京：商务印书馆，1997：33.

② [英]休谟．自然宗教对话录[M]．陈修斋，曹棉之译．北京：商务印书馆，1962：48，50.

非分析的、不是可从经验中推导出来的原则，也就放弃了经验论”[①]。因此，无论是唯理论还是经验论所坚持的理性和经验的信念在休谟这里彻底地陷入了绝境。

“休谟的问题是极深刻的，这是认识论中最关键的问题，即真理的可能性问题”[②]。唯理论所做的尝试在否认知识的经验来源中变得抽象无力，而经验论一直坚守的真理可以在经验中获得被休谟所否定，人类真理之船失去了航向，人类的价值观产生动摇，人类的实践生活也会陷入盲目，“人类的思维与存在是统一的，这是由千百万年人类种族的延续发展证明的，不可否认。人的知识必以经验为基础，这是科学实践所证明的，不可否认。人的知识必具有可靠性、必然性，这是科学知识的本性，同样不可否认”[③]。所以，从本质上来看，科学本身并无危机，而按照科学模式来构造形而上学的理想破产了。因此，人类需要重新建构新的形而上学，而这个根基不再是“科学”，而是对科学的超越，这便开启了德国古典哲学的形而上学重建之路。

二　德国古典哲学“知识性”形而上学的理论特质

所谓“知识性的形而上学”是指哲学要为科学奠基，成为科学的科学，让哲学具有真理性质的知识体系。这种形而上学的重建

---

① ［德］H. 赖欣巴哈. 学哲学的兴起［M］. 伯尼译. 北京：商务印书馆，1983：73.

② 高文新. 欧洲哲学史研究［M］. 北京：人民出版社，2016：246.

③ 高文新. 欧洲哲学史研究［M］. 北京：人民出版社，2016：246.

既是对近代科学或哲学的超越，也是哲学追求绝对真理的理论自觉。

1.超越科学知识的真理性

科学知识是依据经验世界或抽象理性建立起来的具体科学规律，反映的是某一领域的事物的本质和特征，是通过实证或者是实验证明的人类活动的成果，是对于停留在不同东西的关系的有限反思。科学知识所依靠的感性材料是变化流动的，感性东西的相互外在亦是其有限和不真的证明，并不能为人类提供可靠的知识。所以说科学知识只能对于有限的对象形成知识，而无法对于无限的对象形成真理，但形而上学的对象恰恰是无限的形上对象。同时，通过知性抽象获得科学知识又缺乏内容的真实性，因为抽象理性的推理形式总是需要一个无可置疑的前提。那么，哲学特别是近代哲学需要解决的是思维和存在、主体和客体一致的问题，因为这一问题的解决是近代认识论成立的前提，如果这个认识论的前提不解决，一切科学知识都会失去根据。长期以来，哲学所建立的理性思维和科学所发现的规律就会失去作用。哲学需要超越科学，完成关于思维和存在的思考，获得关于人类发展的真理性知识，德国古典哲学形而上学就是要寻找关于人类发展的真理性知识，就是要寻求主观和客观的统一，寻求人类自身的和谐一致的真理。德国古典哲学所面对的就是被休谟摧毁的科学和理性的信念，以及思维与存在的矛盾被拓展为自然界与人类社会的不一致的矛盾。思维的主动性被束缚，认识论无法克服其主观与客观的统一问题，就是在这样的情况下，德国古典哲学形而上学开启了其超越科学知识的真理性的步伐。

德国古典哲学首先开启认识论大转向的是康德，以往的认识论都强调主体符合客体,注重认识客体的研究,缺乏对主体的研究和批判,而康德恰恰强调主体的能动性,让客体符合主体。康德建立的先验知识样态就是通过认识人的认识能力来获得人类的知识,通过先天综合判断所统摄的范畴来进行知识的考察。科学知识的知性思维形式仅仅能认识到现象,虽然科学包含普遍必然性,但不能认识诸如上帝、精神等无限的对象。在康德这里,"哲学就是真善美统一的科学,关于人所具有的先验原理的科学"[①]。所以,哲学是超越科学的科学,是具有真理性的知识。费希特和谢林的绝对知识样态,"绝对自我"与"绝对同一"的演绎是分别从主观和客观角度出发寻求真理性的知识样态。绝对知识样态强调绝对性,也就是"绝对自我"通过自我的推演形成知识,作为知识的基础;"绝对同一"从自然界出发,从客观事物出发提升先验自我的绝对性,实现主客观的绝对同一。黑格尔所强调的思辨真理样态,理性需要通过现象认识事物的本质,认识到形式逻辑的局限,形成辩证逻辑的认识方式,理性应该是"一"不是"多",真理是"一"不是"多","真理就是思想的内容与其自身的符合"[②]。也就是说,思想是那种包含客观的内容于自身的东西,并且思维本身与自身要相符合,这种思想的客观性所形成的概念是真理,是区别于知性思维的理性思维方式,"是关于事物的思想的科学,即事物的普遍本质的概念体系"。[③]

因此,德国古典哲学就是要建立一种超越科学知识的真理性知识,使思维形式能够把握思维内容形成真理的能力和限度的哲学形态,真理性知识是哲学所研究的对象,也是人类能够获得的最

---

① 高文新.欧洲哲学史研究[M].北京:人民出版社,2016:171.

② [德]黑格尔.小逻辑[M].贺麟译.上海:上海人民出版社,2009:98.

③ 高文新.欧洲哲学史研究[M].北京:人民出版社,2016:171.

高知识。理性能够通过事物和事物所呈现的感性材料认识事物的本质,不需要任何假设或前提的无条件的绝对的真理性科学,要建立一种形式符合内容的绝对的统一的知识,既不是那种知识的来源是流变的事物的东西,也不是脱离内容的绝对抽象,德国古典哲学最终是要构建一种思维与存在、主观与客观相统一的真理性知识。

2.形而上学建构的体系性

形而上学建构的体系性作为知识性形而上学的显著特质,是绝对性知识的特征。德国古典哲学体系的内容具体包括康德、费希特、谢林和黑格尔。无论是康德、费希特,还是谢林、黑格尔,对于自身哲学发展的体系性的要求极其严格,这些体系并不是毫无关联的,而是德国古典哲学特有的体系上的逻辑演进,每一个后者都会在前者基础上开始自己的哲学体系,并超越前者形成更加完善的哲学体系。

康德把体系总结为:“杂多知识在一个理念之下的根本目的,这个理念就是有关一个整体的形式的理性概念,只要通过这个概念不论是杂多东西的范围还是各部分相互之间的位置都先天地得到了规定”①。因此,这个理念(观念)拥有能够通过理性来统摄整个体系的能力。当然,一个能够通过理性来建构的体系也是科学必不可少的条件,因为科学的形成需要体系所论证的基础来保证,康德把科学理解为“一个根据原理而形成知识整体的体系”②。那

① [德]康德.纯粹理性批判[M].邓晓芒译.杨祖陶校.北京:人民出版社,2004:629.

② [美]汤姆·罗克摩尔.黑格尔:之前和之后——黑格尔思想历史导论[M].柯小刚译.北京:北京大学出版社,2005:13.

么，康德哲学体系包括《纯粹理性批判》《实践理性批判》和《判断力批判》三个重要的组成部分，这三大批判分别为人的认识能力何以可能、人的自由何以可能和人的审美能力何以可能提供了理论基础，从而形成了关于人的认识能力的知识、自由的知识和审美的知识。因此，这个体系就结合了理性的所有方面，包括三大理性批判在内，从一个先天的概念出发演绎出所有的东西。通过先验的理性，把理论理性、实践理性贯穿起来，最后达到审美理性。但由于“物自体”的局限，康德的哲学体系是一个没有被完全建立的观念的体系，需要理论形式的不断丰富。

费希特就是那个把康德哲学体系真正建立起来的人。“费希特认为康德哲学至少有两个缺点：一是康德物自体学说；一是康德先验要素是从经验中分析出来的，不可能尽举无遗，而且它们之间没有必然联系。他认为必须从这些先验要素之间的必然联系上通过逻辑演绎的方法一步一步地把它们都推演出来，包括所谓的物自体在内；而这就必须构成一个逻辑严密的哲学体系。他认为他的知识学就是这样一个足以说明一切知识之基础的演绎体系”[①]。而这个体系所建构的一切知识的基础就是第一原理，“我们必须找出人类知识的绝对第一的、全然无条件的原理，如果它真是绝对第一原理，它就是不可证明的，或者说是不可规定的”[②]。因此，费希特哲学体系的建构就像康德所说的那样，想成为科学要形成一个在第一原理基础上的体系。这个体系是有自己的第一原理的，但是这个第一原理不能被证明，而只能被设定为一种假设状态，就像

① [德]费希特. 全部知识学的基础[M]. 王玖兴译. 北京：商务印书馆，1986：5.

② [德]费希特. 全部知识学的基础[M]. 王玖兴译. 北京：商务印书馆，1986：6.

所有科学所开始的那样，必然处于一种假设状态。因此，体系是“一个循环论证或圆圈，但这是一个不可避免的循环论证”[①]。正是由于体系的循环论证而使得体系没有基础，但是没有基础并不代表没有根据，费希特哲学体系的根据就在于“绝对自我”的证明。费希特建立了一个主观上的主客统一的哲学体系，使得在康德哲学中所蕴含的真理性的观念的体系被实现出来，费希特是德国古典哲学真正意义上的第一个把理论体系化了的人物。

谢林的哲学体系是从“绝对同一”出发的知识体系，谢林指出："如果存在着一个知识体系，这个体系的原理就必须存在于知识本身以内"[②]。因此，谢林建构的哲学体系所遵循的根据就是“绝对同一”，要形成自我意识的“绝对同一”原理，“这个原理是一切知识的绝对原理，因为一切知识(不只是我的知识)都必须以自我意识为出发点”[③]。那么，哲学的体系所建构的整体就是既包括从客观到主观的演进，又包括从主观到客观的演进的整个进程。对此，谢林指出："如果说自然科学把自然规律精神化为理智规律，或把形式的东西附加给质料的东西，就是从实在论中得出了唯心论，那么，先验哲学把理智规律物质化为自然规律，或把质料的东西附加给形式的东西，就是从唯心论中得出了实在论"[④]。就这样，从“绝对同一”出发，产生主客体的差别，当自然界的客观性占主导时，就形

---

① [德]费希特．全部知识学的基础[M]．王玖兴译．北京：商务印书馆，1986：7.

② [德]谢林．先验唯心论体系[M]．梁志学，石泉译．北京：商务印书馆，1977：21.

③ [德]谢林．先验唯心论体系[M]．梁志学，石泉译．北京：商务印书馆，1977：24.

④ [德]谢林．先验唯心论体系[M]．梁志学，石泉译．北京：商务印书馆，1977：19.

成了自然哲学，自然经过正反合的辩证发展，成为整个自然界。而当人类精神发展到最高的绝对精神时，主观占主导，就形成了先验哲学，经过认识、实践、艺术正反合的发展，就形成了人类社会。谢林的这种绝对同一的哲学体系的阐释，不仅仅克服了康德、费希特主观性的缺陷，把自然带入到体系中，体系的根据"绝对同一"所生发出的前进——回溯的方式，使意识来源于客观世界，弥补了费希特哲学体系的缺陷。同时，还提升了辩证法的逻辑递进方式及其内容，把历史性带入哲学体系中，也为黑格尔哲学体系提供了丰富的资源。

黑格尔的哲学体系是一个自我奠基的哲学体系。黑格尔认为："哲学若没有体系，就不能成为科学。没有体系的哲学理论，只能表示个人主观的特殊心情，它的内容必定是带偶然性的。哲学的内容，只有作为全体中的有机环节，才能得到正确的证明，否则便只能是无根据的假设或个人主观的确信而已。"[①]因此，体系中的各个环节只有在体系中才能具有存在的意义，体系建构的根据就在于"绝对精神"的自身辩证运动，其哲学体系本质上是一种内在目的论的哲学体系，由逻辑学—自然哲学—精神哲学构成的体系整体，这种哲学的开端存在于自身之内，由自身丰富自己，开端也是一种发展阶段，一种结果。自然界是客观的存在，是一种精神的潜在，为精神提供经验质料，精神是主体对于自然界的观察所形成的理性认识，也是理念。而精神发展到最高的绝对精神其在内容就是与绝对理念达到统一。因此，黑格尔哲学体系性不是自发形成的，而是由德国古典哲学体系的丰富性，严谨的逻辑性发展而来的具有继承性和接续性的丰富的经历演进而来的，是一种自觉形

① [德]黑格尔. 小逻辑[M]. 贺麟译. 上海：上海人民出版社，2009：71.

成的哲学体系。

因此,体系性是知识性形而上学的又一特质。从康德开始,就把体系作为了成为科学的一种准则,坚持科学的哲学观,体系性的建构体现了知识论形而上学对于知识问题的一种构造主义,通过构造一种体系来确保知识的确证性、科学性和真理性。因此,纵观整个德国古典哲学体系思想的形成都是“以哲学把自己理解为绝对的无限的认识为前提。其中包含着本质上强化地强调人的理性中的创造性的东西,而这意味着关于理性本质的更为原初性的知识”①。

3.形而上学根基的绝对性

绝对性是知识论形而上学发展的重要理论特质。正如海德格尔指出的那样“只有当知识是绝对知识,这样一种体系才可能合乎知识地被发现和被形成。在德国唯心论中,‘体系’明确地被理解为绝对知识的要求”②。绝对知识区别于知性的绝对,知性的绝对实质上是一种有限的认识,这种有限性表现在仅仅为现象寻求一种本质,而不去追求这种本质发生的普遍必然性。旧形而上学和一切科学都没有意识到“思想自身所包含的矛盾和思想自身与信仰的对立”③。一切科学的对象是现象,是一种相对的存在,科学的思维就是要通过反思把这些现象中存在的本质联系去加以把握,进而获得所谓的真理,也就是用思想直接去把握对象,认为思维的

① [德]海德格尔.谢林论人类自由的本质[M].薛华译.北京:中国法制出版社,2009:55.

② [德]海德格尔.谢林论人类自由的本质[M].薛华译.北京:中国法制出版社,2009:55.

③ [德]黑格尔.小逻辑[M].贺麟译.上海:上海人民出版社,2009:105.

规定就是事物的基本规定,以此得到直观的内容作为真正的思想内容本身,并且认为思维可以认识一切事物。但是,这种形而上学的根基却具有有限性,因为它是建立在流变的具体事物基础上的,并没有认识到真正的客观性应该是具有永久性和内在持存性的。

首先,旧的形而上学并没有超出感性的思维方式,单纯的用抽象理智去反思。但是,这种单纯抽象的理智所得来的对于事物的反思是有限的规定,因为这种思维本身就是一种由直接地、个别的得来的思维规定。因为思维的本质就是具有无限性,在有限的范畴内思维不可能实现其本质,试图用知性概念把握事物,就是用一个有限的东西去认识有限事物的性质,其所建立的形而上学根基的"绝对性"也无法保证。因为这种思维方式就是通常意义上所讲的形式逻辑,旧形而上学的这种形式逻辑的"原罪"在于"企图用有限的名言去规定理性的对象"[①],也就是说当我们用有限的"谓词"去表达上帝、自然、精神等内容丰富的概念时,是无法获得绝对性的知识的。无论是形而上学的存在论证明、宇宙论证明还是本体论证明都是从外在的角度、有限的角度、抽象思维的角度去考察人类知识,都无法确立根基的绝对无限性。

其次,经验主义哲学试图寻找那种以"具体内容和坚实据点"[②]为第一性的东西。希望从外在的、内心的和直接的经验中去寻求真理,走一条区别于单纯抽象思维的道路,试图去代替从思想本身获得真理的路径。一方面,经验主义把具体的内容抽象化,在这种具体的抽象中寻找主观方面的坚实据点,也就是说,"凡是真的,必定在现实世界中为感官所能感知"[③]。因此,经验论认为所有的事

① [德]黑格尔. 小逻辑[M]. 贺麟译. 上海:上海人民出版社,2009:109.

② [德]黑格尔. 小逻辑[M]. 贺麟译. 上海:上海人民出版社,2009:119.

③ [德]黑格尔. 小逻辑[M]. 贺麟译. 上海:上海人民出版社,2009:120.

物的根据就是如此，并不考虑为什么是如此的事物，运用一种任意自由的原则来确定哲学根基的可靠性，哲学的可靠性是意识在其知觉中得到的关于自己的确定性。另一方面，经验主义强调关注人类和自然的现实状况，其研究对象是有限的材料，经验的表象，把知觉看作是事实的形式，看作是内容本身。经验主义采用分析的方法，试图分散那些聚集在一起的规定，让对象呈现本来的面目，但是这种分析的方法使得对象自身所具有的内容并不具体，而变为了抽象的东西了，抽象的东西虽然有区别，但是只是一切抽象的有区别的概念罢了。经验主义无论从形式上还是从内容上都是有限的，因为我们的知识要被限定在知觉的范围内，我们必须要接受外界给予的事实，没有权利去追问其合理性。因此，经验主义哲学的根基也无法建立在“绝对”之上。

最后，无论是以往旧形而上学还是经验主义，二者的一致性在于把形而上学的根基建立在有限的、不断流变的事物之上，都是从表象中去寻求根据。无论是宗教表象还是经验表象，其哲学前提是从事物中抽象出来的，并不是内容本身，二者都认为事物的真理在思想中，并不是在事物自身之中。那么，哲学的“基础”在以往科学中只能是相对的存在，哲学要建立在绝对的第一性的基础之上，那就是“绝对性”。无论是康德、费希特、谢林还是黑格尔都力图为形而上学寻找一个绝对性的“根据”。康德把经验知识看成是一种对于现象的知识，在这些现象知识的基础上，绝对的根据建立在主体的先验统觉之上，一切的知识的普遍必然性在于那思维的先天的形式，亦即这种主体思维所建立的十二个范畴统摄下的无所不包的现象。同时，也把哲学的前提建立在思想的形式上，思想的形式能够获得关于真理的知识。费希特则是从“绝对自我”出发推演出各种范畴。谢林则从客观出发，试图达到主客观的绝对同一，这种同一是一种客观基础上的主客同一，是一种绝对性的同一。黑格尔则认为要达到绝对的知识必须在事物自身中去寻找，在“认识的过程中将思维形式的活动和对于思维形式的批判，结合在一起”[①]。因此，哲学必须要对形式下的内容加以考察，并且围绕内容的发展过程加以考察。这时的思维不仅仅是形式，已经既是研究对象，又是对象自身的活动了。这种活动就是思维的形式自己去认识自身，又由自身去规定其自身的限度，并且来认识自身的缺陷，从而通过内容和形式之间的矛盾，能够达到形式和内容的统一。这样，真正的或最高的理性是那根本上以自身为对象的纯粹的“绝对知识”，以具体实存为对象的科学也应以这种“绝对知识”为根据，对一切本质性的实存对象的知识应该仅以“绝对知识”为根据而推演出来。形而上学根基的“绝对性”就是要建立在永久和持存性基础上的，是包含全体的、具有丰富内容的东西。

因此，德国古典哲学形而上学的一个重要的理论品质就是“绝对性”。哲学就是要建立在绝对的第一性的基础上，要找到关于主体本身的绝对知识，强调的是一种理性的绝对知识，强调人的主体性和思维的纯粹性，要找到全部知识的知识，要找到主客同一的绝对知识，最后要找到事物本身的绝对知识。这种第一性的“绝对”根据，让哲学的“根基”更加稳固。

---

① [德]黑格尔．小逻辑[M]．贺麟译．上海：上海人民出版社，2009：126.

三　德国古典哲学“知识形态”形而上学的具体样态

德国古典哲学以“知识性的形而上学”为主要特征，寻求超越以往知性思维方式的关于真理性知识的思想，不仅仅把这种“知识形态”理解为未来的形而上学，科学的科学，而且要把这种“知识形态”理解为关于真理的科学。这种“知识形态”的形而上学开始在主体中寻求知识的普遍必然性。

1. 康德的先验形而上学：作为未来科学的形而上学

在康德之前，形而上学面临着无休止的争吵，形而上学荣誉的大厦在这种争吵中面临着坍塌殆尽的危险。康德面对唯理论和经验论所提出的问题，开始了先验的思考，康德试图在对于现象界的认识中给自然科学、数学以及以往的形而上学找一种可靠的根据，找一种客观必然性。所以，在康德看来，启蒙运动以来人们崇尚理性，用理性来检验知识，但是忽略了知识的前提的批判和检验，人的知识既不是单独强调感性经验的，也不是单独强调理性的，人的知识应该是由感性和理性合起来所构成的。因此，康德针对休谟的怀疑论，开启了对于科学知识确证性的回应。面对休谟将因果性确定为人的主观想象，从而表明了知识的客观性基础的论断。康德认为因果性是人的先验认识构建的，是知性范畴，以此来回应休谟。

首先，康德对于先天知识进行了说明。人能够知道有一个不能认识的东西存在本身就是人的认识能力的体现，是一种主动的认识能力，“物自体”我们虽然不能认识，但是它可以刺激我们的感官，形成关于事物的感受，在这个感受的基础上，我们通过主体的能动性，建立起了我们的知识。康德的这种方式直面了休谟关于主客体的观点，把客体分为两个层次，人所知道的和人不能知道的，人能够知道的就是现象客体，人不能知道的就是“物自体”。人通过先天综合判断来发现现象客体的规律，“通过主体的能动性使得我们的知识成为一个有规律的体系。也就是说主体把规律强加给现象，使它们成为一个有序的系统，在这个现象的领域里面，解决了主客体的统一的问题”[①]。因此，我们是通过先天综合判断在现象界建立的科学知识体系。先天综合判断是康德在批判经验论和唯理论的基础上提出的，先天并不是我们通常意义上理解的天生的，而是先天固有的，是人的一种先天的认识能力。这种先天是先于经验的，在逻辑上先于经验。“因为在康德这里，被确定为明证性标准只有两种，即逻辑的明证性和经验的明证性。并且，逻辑的明证性基础只是以矛盾律为核心的分析推论的明证性，此外并无其他的逻辑的明证性”[②]。康德的逻辑明证性就需要把先天设定为一种认识的结构，无论是谁，只要进行认识，都会触发这个认识结构的层次。因此，一切知识都具有先天的成分，这种先天的逻辑在先性成为了组成知识的必需条件，如果不具有这种先天的能力，人的知识就无法构成，这种先天具有普遍必然性，这种普遍必然性就体现为任何知识里都必须具有先天东西的成分。这种先天知识是后天知识构成的基础，没有这种先天的知识，后天知识就无从

---

① 邓晓芒. 德国古典哲学讲演录[M]. 长沙：湖南文艺出版社，2017：21.

② 王天成. 康德先验逻辑的基本问题[J]. 吉林师范大学学报（人文社会科学版），2004(1)：4－8.

谈起。

其次,康德开始了一场思维革命。这场革命的目的在于寻找人类的认识能力的界限和普遍必然性。康德认为先验的哲学是一种科学,是区别于唯理论和经验论强调在世界中寻找知识的可靠性的哲学。康德强调先验的哲学是一种考察世界从何而来的形而上学思想,康德说:“形而上学不仅整个必须是科学,而且在它的每一部分上也都必须是科学。”[①]以往形而上学之所以具有客观性是因为外在世界的客观性,以笛卡尔为代表的唯理论虽然已经揭示了主体的自明的、逻辑的意义,但是这种形而上学完全不与经验世界的内容相联系,是一种抽象的理论。经验论仅仅关注经验中的分析,不关注先验中的内容,唯理论仅仅关注思维的先在性,不关注经验的质料的特点。康德试图对于数学(逻辑学)与自然科学思维方式进行综合,形成先天综合分析的思维方式。康德认为形而上学应该是一种在人的先验理性之上的哲学。先天性是哲学知识客观性的保证,人的知识的获得就是运用先验统觉的认识能力,“康德哲学中统觉作为先验自我的基础性,无论是直观还是范畴(先天概念),无论是感性直观活动还是思维的逻辑活动均以自我意识的原始综合统一性之为统觉基础”[②]。这种认识能力运用自己的认知理性来认识经验中的事物,这种认识能力是经由人的理性,由物自体刺激而产生的外在对象形成的对于现象界的认识。自然科学知识是关于现象界或是自然界的认识,而人的先天的认识能力为自然科学的普遍性、必然性和确定性奠基了基础,也就是“人

---

① [德]康德.任何一种能够作为科学出现的未来形而上学导论[M].庞景仁译.北京:商务印书馆,1982:168.

② 王天成.康德先验逻辑的基本问题[J].吉林师范大学学报(人文社会科学版),2004(1):4-8.

为自然立法”。同时，道德领域的建构是人的理性通过自己颁布法则形成的实践理性达成的，也就是“人为自身立法”。这样，人既可以为客观世界的自然界立法，也可以在道德领域为自己立法，哲学就是研究这种人的先天认识能力的和人的自由是什么的科学。

最后，康德建立了新的形而上学体系。以往形而上学把人排除在世界之外，认为世界是先于人而存在，并且独立于人的外在世界，康德认为人应该具有理论理性和实践理性，在理论理性中研究整个世界如何在人的先验统觉统摄下展现给我们，并形成知识。在实践理性中去思考由先验原理所预设的人的自由如何在实践领域获得，人所追求的道德领域的自由的必然性和至善的意义何在。此外，在研究方法上，康德强调人的先验能力，也就是先验方法。旧的形而上学强调理性的作用，强调形式逻辑中推理的重要性，经验世界中质料的重要性，因此，以往形而上学惯用分析的方法或者是抽象的方法，数学的或是自然科学的方法。康德认为研究哲学是为了给自然科学或是数学知识提供普遍必然性的根据。虽然自然科学和数学为哲学的发展奠定了基础，但是哲学作为科学，需要一种先验方法，这种先验的方法就是“使诸范畴先于一切经验而与对象发生关系，就需要对这些范畴进行‘演绎’”[①]。需要把人类的知识都纳入到先验自我统摄下的认识之网中来考察先验哲学的认识对象人的认识能力如何。“康德把人类理性自身先天具有的法则作为基础上的形而上学划分为两部，一部是在认识论领域的，研究认识的形式，通过先验自我为自然立法的形而上学，是关于自然世界的自然形而上学知识。另一部是在道德领域，人能通过自身所建立的道德法则，通过人为自己立法而形成的道德世界的知识，

① 张廷国．罗正东．论康德的先天综合判断与“第三者”[J]．哲学研究，2016(12)：79－84.

是关于道德领域的道德形而上学知识”[①]。通过这两部形而上学知识的建立，康德哲学所呈现的形而上学的最终目的就是要研究人的认识能力如何，人在和世界的关系中处于一个什么样的地位。真正的哲学就应该是人的理性为整个世界构建起法则，去探究这个世界如何产生，如何作用于人，人与世界的关系是怎样的。对人来说，这个世界一定是人的世界，没有人就无所谓世界的问题，在逻辑的先后上，应该是先有人再有世界的，与一般科学强调的研究已有世界的问题不同，先验哲学研究世界的产生，因此，哲学先于科学，它构成了科学的基础。所以，考察世界的可知性，就是先要考察人的可知性，考察人的可知性就要先考察人为什么具有可知世界的认识能力。人是必然的自由的存在，是目的不是手段，是一种自身具有绝对的自由（自律）的自觉个体。

康德为我们找到形而上学的根据就在于人的“先验”能力，对人所具有的先天理性的研究成了支撑其形而上学大厦的基础。当然，康德哲学所追求的形而上学思维方式还没有真正达到理性的理想：形式与内容、思维与存在、主观与客观的绝对统一，康德的后来者费希特、谢林进一步地在纯粹思维领域追求主客观的统一，为全部科学寻找根据，进入人本身去思考问题，推动德国古典哲学不断地向前发展。

2. 费希特和谢林的知识学："科学的科学"

费希特和谢林是继康德之后形而上学“知识形态”的科学性不断提升的关键环节，费希特和谢林所建构的知识学本身建构的根基是自由，绝对的本性就是自由，就是人在认识领域和实践领域所

① 参见［德］康德. 康德三大批判合集（注释版）（下卷）［M］. 李秋零译. 北京：中国人民大学出版社，2016：522.

追求的自由，所以知识学在费希特和谢林这里都称为“绝对”，知识学就是“绝对”所产生的知识形态。这样，知识学就成为了科学的科学，是科学的根据。

首先，费希特认为知识学不是“科学”。知识学要对全部人类知识形成知识，并且可以通过人的自我的行动来解释这些知识何以可能，因为知识学本身是绝对的，不依赖于其他任何条件。所以它本身就是自由的，自由就是自己能将法则在自身建立起来，这就是知识学本身，也是知识学本身所能够建构的逻辑形式。在费希特知识学中探讨了两个主要问题，一是知识学与具体科学的关系，也就是自由与必然的关系；二是知识学与逻辑学的关系。所以，费希特的知识学的建构的根基是自由，必然仅仅属于科学的领域。因为“知识学并不研究关于个别知识的正误之类的问题。那是科学的任务。知识学探讨的是知识一般发生的问题，是要弄清楚知识是怎样发生的，知识成立需要什么先决条件，知识有哪些基本要素，它们是怎么来的，它们彼此之间有什么联系的等等”[①]。因此，费希特指出：“说明知识的哲学，不外乎两种立场：一种从知识客体解释知识主体，以外物说明意识，这叫独断论，亦即唯物论；一种从认识主体解释认识客体，以意识说明外物，这叫唯心论。”[②]知识学是从绝对的主体出发来解释认识客体的哲学体系，因此是唯心论的哲学，也是从自我出发去获得人类全部知识的产生原因、产生条件、构成要素以及知识之间关系的哲学样态。

其次，费希特是在批判康德基础上而开始自己的知识学体系

① [德]费希特.全部知识学的基础[M].王玖兴译.北京：商务印书馆，1986：5.

② [德]费希特.全部知识学的基础[M].王玖兴译.北京：商务印书馆，1986：5.

建构的。康德之前的哲学家，要么是强调真实性的经验论哲学家，要么是强调想象的唯理论哲学家，这些哲学派别所形成的哲学都不是具有确证性的科学之科学，也就是并不能成为一般的人类知识，不能为其他科学提供依据。康德找出了这种形而上学的缺陷，把康德哲学之前的所形成的知识都纳入到了自己的先验之网中，为这些知识提供先验的证明。但是康德形而上学的缺陷在于，为知识划定了界限，并没有去证明在其哲学之后的人类知识是否也适合于先验的哲学体系。康德的先验哲学体系对于其体系之前的知识的把握也存在有一定的问题，原因就在于现象界与物自体的划分，使真理性的知识仅仅是在现象界和经验领域来证明获得的，不能超出经验领域去获得关于真理的知识，不能触及物自体范围的知识的真理性。而费希特认为把物自体可能的知识应该也予以规定才能完整地呈现一般人类知识，也就是知识学的考察对象，即整个人类知识的体系。为此，费希特加以说明，“一般人类知识应该加以穷尽，不仅人在其生存的现阶段能够知道的东西，而且人在其存在的一切可能的和可思议的阶段能够知道的东西，都应当无条件地、绝对地加以规定，人类的知识就其程度而言是无限的，但就其性质而言则完全由它的规律所决定，并且完全可以穷尽”①。因此，“自我的本原行动是一切知识的基本根据，其最初的三个行动步骤则是知识学的三条基本原理”②。从这三个基本原理出发，形成最高原理，体系要由这个最高原理来演绎，展示出来整个人类的知识体系之网，这个知识体系是具有唯一性的，绝对有效性的，

① [德]费希特.费希特文集(第一卷)[M].梁志学译.北京:商务印书馆,2014:468.

② [德]费希特.全部知识学的基础[M].王玖兴译.北京:商务印书馆,1986:6.

是一般人类知识的原理，它可以在人类知识里统治一切，这个知识体系弥合了康德先验知识体系的缺陷，既包括有限的知识，也包括无限的知识，是认识与实践的统一，统一于绝对自我。因此，最高原理本身是包含正反两个命题，这一最高原理就演绎展开了人类的所有知识，知识学赋予一切科学以原理，原因就在于知识学是一种在人的绝对理性之下来规定自己行为的能力。因此，自我这种能力由绝对的自我产生，这种带有绝对理性的绝对自我不受任何事物的强制和逼迫，而且这种自我的行动能力是一种必然的行动，也可以是一种非必然的自由行动。如果从必然的行动角度来看，人类精神活动是知识学所规定的，但是如果从非必然的自由行动角度看，人类精神活动是科学规定的，也就相应的是具体科学规定的。但是这种行动的对象必须是由知识学所提供的必然东西，而且知识学只提供必然的东西。因此，知识学和具体科学的分界线在于“某种本身自由的行动获得一定的方向，我们则可由一般知识学的领域过渡到具体科学的领域”[①]。因此，具体科学由知识学原理推演而出，在具体科学里成为原理的命题必然也是知识学的一部分，知识学赋予一切科学形式的东西，也赋予一切科学内容的东西，也就是一种必然的行动。这样，费希特实现了认识与实践的统一，也就是说认识本身也是一种实践活动，而实践本身也可以纳入到认识里面作为一个环节。

最后，知识学论证逻辑学，逻辑学从知识学获得自己的有效性，逻辑学被知识学所制约和规定。如果说以往的逻辑学仅仅能赋予科学以形式的东西，那么，知识学不仅仅要为一切可能的科学提供形式，而且也要提供内容，因为在费希特的知识学中，形式与

---

① [德]费希特．费希特文集(第一卷)[M]．梁志学编译．北京：商务印书馆，2014：473．

内容是在命题中紧密地联合在一起的，不能相互脱离，如果命题不包含内容就不能称其为知识学，通过知识学自由的行动为逻辑学和其他科学提供了形式，同时自身也具有这种形式。对此，费希特指出：“逻辑学的各个命题都只应是形式，但这是不可能的；因为在命题的概念中一般都包含这样的意思，即概念既有内容也有形式。因此，凡在知识学中只是形式的东西，在逻辑学中则必定是内容，这个内容又会获得知识学的普遍形式，但这种普遍形式在这里明确地视为逻辑命题的形式。”[①]知识学在这里与具体科学并不是简单的包含和被包含的关系，知识学的形式与自己所包含的知识学的内容是严格对应的，知识学形式只运用自己应该运用的内容，不会运用其他的内容一丝一毫，尤其是整个知识学的内容更加不可能去运用，这就为具体科学的产生提供了一个条件，也就是知识学的形式可以运用知识学整个内容的一部分，这部分内容是属于整个内容的一部分内容。据此，具体科学不是重复知识学的各个部分，而是被包含在整个知识学内容中的一部分内容。没有知识学，便完全不可能有任何知识和科学，知识学是一切科学的唯一条件；没有逻辑学，一切科学的建立只能推迟，逻辑学助推科学的进步和发展。费希特知识学的研究对象是整个人类知识体系，这种知识学的原理不仅仅可以通过绝对自我演绎出人类的知识体系，也区别于逻辑学，可以为具体科学提供形式和内容，绝对自我就是认识与实践的统一。

总之，费希特的“绝对自我”继承了康德对于人性的根基设定的能动性的特点，提升了主体的行动能力，赋予人绝对的理性地位，尤其是强调每一个人的作为人的自我存在性，是人的自我存

---

① [德]费希特.费希特文集(第一卷)[M].梁志学编译.北京:商务印书馆，2014:477.

在，使整个人类知识都被纳入到意识之内，给予了知识以普遍必然性，给予了人在主体中的绝对自由。当然，费希特所强调的“绝对自我”是存在于主观的自我当中，具有抽象的空洞性，缺乏客观性。谢林恰恰抓住了这一点，开始了为科学寻求“科学之科学”的另一条路径。

谢林认为所有知识都应该建立在“绝对同一”的基础上，“唯一实在的东西存在于自身本来既是原因又是结果的一个绝对之中，即存在于主体和客体的绝对同一性之中，一切知识都从这一终极的东西开始”[①]。因此，知识的根据应该是“绝对同一”，从它出发开始整个哲学体系，开始整个人类知识的展开。

首先，谢林设定了一个形成知识的纯粹主体。这个主体从绝对出发，既包括主观的能动性，也包括客观的自然界和人类社会，每一个更高的主体发展环节是前一个环节的扬弃，主体具有走向客体的趋势，也就是绝对中有一种冲动，前一个环节属于主体，而在下一个更高的环节就变为客体而这种发展趋势直至穷尽自身，从里面能够发展出自然界和人的精神。纯粹主体“不仅包含自我的一切同一性，同时包含一切差异性，这样的自我才是一切知识的最终原因和根据”[②]。因此，谢林的知识学本身就是科学，科学就是处在知识本身之内，“为此必须在理智本身之内找到一个点，在这一个点上通过最原始的知识的同一种不可分割的活动同时出现了内容和形式。发现这一个点和发现一切知识的原理必定是同一个

① ［德］谢林．先验唯心论体系［M］．梁志学，石泉译．北京：商务印书馆，2012：译序 xii．

② 韩震，韩秋红，金延，李红．西方哲学史［M］．北京：北京师范大学出版社，2012：237．

课题”[1]。无论是自然界中客体即主体，还是意识领域主体即客体，绝对主体都按照一个必然法则推动自身不断前进的过程，以此来达到关于绝对的知识，因此，“绝对自我是一切知识的知识，是世界的永恒根据，它自身的同一性说明了它不以任何其他事物为根据，其本质是自由，自由乃是绝对自我作为哲学之本原的本然属性”[2]。

其次，自然界就是遵循“内在动力”原则在不断地向前推进的精神客观化过程。“自然并不是自我的单纯否定，而是精神的客观化。”[3]因此，在谢林看来，自然界所具有的精神品质并不是费希特的主观自我能够把握的，要“把这种主观的、否定自然的自我扩容为客观的、统摄自然的绝对自我，即绝对，认为主观自我仅仅是绝对的一种变化形态。绝对的另一种变化形态则是客观世界”[4]。“谢林以当时的自然科学知识为基础，用思辨的方法描绘出一幅自然界发展的图画。在这幅画面上，自然界已经不是一成不变的，而是绝对活动的”[5]。当有机体的动态演进达到它的目标时，形成的更高的潜能阶终结了最初的主体的主观性，这个最初的有机组织已经成为了历史，有机生命的原则相对于下一时期的更高原则而言属于一个客观世界，因此它成为了经验的自然研究的对象，那么这个更高的主体就演进为有机自然界的主体或精神，是生命的精

---

① [德]谢林. 先验唯心论体系[M]. 梁志学，石泉译. 北京：商务印书馆，2012:27.

② 韩震，韩秋红，金延，李红. 西方哲学史[M]. 北京：北京师范大学出版社，2012:238.

③ [德]谢林. 先验唯心论体系[M]. 梁志学，石泉译. 北京：商务印书馆，2012:x.

④ [德]谢林. 先验唯心论体系[M]. 梁志学，石泉译. 北京：商务印书馆，2012:x.

⑤ [德]谢林. 先验唯心论体系[M]. 梁志学，石泉译. 北京：商务印书馆，2012:译序 xiii.

神。当人这个主体出现时，自然界中形成的最高的具有共同属性的就从属于人这个主体，自然进程至此终止了。因此，绝对同一在自然界中的发展，是“生命的一种向其自身回归的、稳定的和由内在本原维持的前后相续的系列”①，是自我真正的存在着的，是无差别同一的不断分化，是人的自我意识在自然界中遵循着主客演进的原则使自然动态地呈现给了这个世界，自然界的这种存在方式就是自我存在的最终自然本质。“自我是自然界的自我或第一个主观的东西，是外在于我们的第一个主观东西。无论在哪里，无论在任何层面，都没有单纯的主观的东西或单纯的客观的东西，而始终只有二者的统一体”②。因此，人类的知识的统一性存在于那个无差别的同一的自我中。

最后，“绝对同一”进入人的世界形成知识。只有知识才能高于整个存在，能够把整个世界包揽进来，主体这时是纯粹的知识，或者说它的存在只能是基于一种知识。这种主体的纯粹知识可以认识灵魂、上帝的非物质性，而灵魂的、上帝的存在也是一种必然的存在，因为主体在这时是纯粹精神的存在，这种纯粹的知识的存在把一切整个存在的东西都看作是外在于它的他者，看作是客观的东西，而这些客观的东西不是另一个主体，而是同一个主体，是同一个主体通过它的最初的和直接的行动成为物质，然后在一个较高的潜能阶次上显现为光，然后在一个还要更高的潜能阶次上显现为生命原则。因此，“一切知识都是从这个精神实体中先验地

① [德]谢林.先验唯心论体系[M].梁志学，石泉译.北京：商务印书馆，2012：173－175.

② [德]谢林.近代哲学史[M].先刚译.北京：北京大学出版社，2016(3)：126.

推演出来的”[1]。主体是具有内在的无限性和外在的有限性的统一,也使得内在的无限知识与外在的经验世界相联系,外在世界接受主体内在的规定,形成表象从而推演出整个体系。同时,使外在世界来显现主体的内在性,从主体推演出的那个体系来显现人的意识。这样,这种纯粹知识就是人的知识,人的知识在观念领域开启各个环节的进展,也就是必须要经历它的各个环节的潜能阶次,最后形成关于自我意识的绝对知识。由此,相互对立的汇合就推动了主客观世界的发展,也就产生了自然知识和先验知识。那么,相应的,这种哲学也可以为其他科学设定自身提供依据,不仅仅可以使僵死的自然界的演进过程呈现于世人,使自然界绽放出了一些指向更深层次的生命的标志,也使“各种科学能够于一切科学里面最高的那个科学亦即哲学发生一个深刻的和实实在在的联系,在这种情况下,科学的价值和兴趣就持续的攀升”[2]。科学因哲学的存在而受到尊重,而具有价值。这种尊重的前提就是在那些科学里面有一种与更高的科学的联系,这种联系使科学能够发现精神性的有机自然存在比物质性的自然存在更早的去感知到事物之间的联系。

因此,费希特和谢林哲学在整个德国古典哲学形而上学的发展中,有着不可替代的作用,是“知识形态”形而上学发展的不可或缺的环节,费希特和谢林为科学寻求绝对根据的努力使得人在形而上学发展中的地位不断提升,在与科学的交锋中逐渐地显现出绝对主体在人类知识领域的自由和价值。当然,谢林的哲学虽然

---

① [德]谢林.先验唯心论体系[M].梁志学,石泉译.北京:商务印书馆,2012:xii.

② [德]谢林.近代哲学史[M].先刚译.北京:北京大学出版社,2016(3):146.

具有客观性，克服了费希特的主观性，但这个知识体系是静止的体系，谢林的把客观性的获得归结为一种神秘的，只能感悟的，不能说明的东西，这就在逻辑演进上，真理性知识的寻求上为黑格尔留下了探索的空间。

3. 黑格尔的思辨形而上学："真理之学"

黑格尔建立的思辨形而上学试图为人类的整个知识寻求真理性的知识形态。形而上学所追求的是一种无限的存在，上帝、绝对精神、自由等无限的对象并不是经验主义哲学能够感觉到、经验到的，是经验主义不能把握的。

首先，黑格尔批判近代经验主义是有限的科学。近代经验主义不能获得真理知识的原因就在于无限的意识无法认识有限的精神，经验主义所强调的知识形态并不具有可靠性。因为经验主义的对象是现象，这些现象的认识都存在于人的意识中，经验方法不能理解、认识精神的东西。精神的东西只能是概念自身通过发展而得到把握。数学是理性的思维方式，但数学本身是一种先天的抽象的形式，不仅仅是数学，其他经验科学也都是不包括内容的纯形式，数学和这些经验科学都不能具有自在的内容，都是为了使别人存在而存在的科学形式，都是一种方法性的存在，没有真正的内容，其内容都不在自身内，而是外在于自身 ，因此，就具有绝对的有限性。

其次，近代哲学在思维方式上无法把握真理。无论是经验论还是唯理论虽然都在追求事物的普遍规律，希望通过直接事实或者经验材料或者是通过假设来达到其具有必然性的前提，但是这些前提本身就是一种偶然的存在，在其上抽象或者分析综合出的普遍性并不具有内容本身，是一种抽象的、外在的普遍性，这种普遍性并不具有特殊性的呼应，以及与特殊性的内在联系，也不是必然性的存在。因此，人类知识的必然性在经验科学那里是得不到满足的，那种表象的思维方式（知性思维方式）是人们对于现象的思考和对于抽象普遍共相的后思。知性理智所形成的表象世界并非是哲学所要揭示的真理世界，但是它却是进入到理性世界的“开端”。知性作为抽象的理智，主要是通过现象寻求普遍和必然的东西。这种知性的知识在两个方面不能满足理性的要求：一是，经验知识无法把握自由、精神和上帝。原因不是这些对象不是经验范围之内，也不是凭借感官所能感觉到的，而在于这些对象的内容是无限的。二是，知性只是一种主观理性，它的知识要求达到普遍必然性，但它的普遍必然性只是形式，而未涉及普遍必然性的内容。这主要表现在两个方面：一方面知性中的类或普遍性均是人为的抽象，与经验中的个体的事物（特殊性的东西）无内在联系，二者的关系是外在的和偶然的。同样，特殊的东西（经验中个体的事物）之间的联系也是外在的和偶然的。另一方面，科学的方法总是基于经验、感性材料，将它们假定为真实存在的东西，从而远离了经验事物中所包含的内容。

最后，知识应该是真理性的认识，应该是一切知识的全体。黑格尔认为思辨的思维方式为知识所建立的根据应该是绝对的、必然的、无限的。因此，只有真正的哲学思维才能实现对事物的必然性的把握，因而必须要运用思辨的思维，这是一种基于经验的反思，将经验视为事物内容必然性发展过程中的一个环节，从而将事物内容的必然性视为概念自身的发展过程，即概念由普遍性—特殊性—具体性的发展过程。其一，科学与思辨哲学并不是相对立的，而是将“科学中的普遍原则、规律和分类等加以承认和应用，以充实其自身的内容”[①]。因此，黑格尔既批判以往的经验科学所带来的知识的不可靠性，又强调要重视经验科学的作用，并不能完全否认经验科学。经验科学的发展依赖于思辨哲学为其提供可靠的根据，思辨哲学之所以能够形成也是经验科学在形而上学的发展过程中不断地提供经验内容，促成后思向反思思维方式重大变化，人类的认识必然要经历经验科学的知性思维方式才能达到一种思辨的思维方式，尤其是经验科学所提供的思维方式，为先验哲学，也为思辨哲学提供了可以去批判和超越的对象。其二，黑格尔把哲学的范畴引入到科学之中，让科学与整个哲学范畴成为一个整体。哲学是一个全体性的理念，“真理是全体”[②]，而科学是哲学理念中的一个环节性的范畴，哲学与科学之间就是一个范畴的变换。思辨逻辑是切入事物内容必然性的全体内容，它不是另立门户，而是强调真理之学就是那种把形式和内容的发展作为事物自身发展的环节，最终达到绝对的东西，这种绝对就是形而上学的根据所在。因为，“经过这样发展而知道自己是精神的这种精神，乃是科学。科学是精神的现实，是精神在其自己的因素里为自己所建造的王国”[③]。就这样，黑格尔试图达到形而上学的具体的同一性，也即真理。这种具体的同一性包含丰富的内容，自我是一个原始的同一，自己与自己为一，自己在自己之内，这种同一性超越以往形而上学的抽象的同一性，把差异作为起点来展开哲学的思考，弥补以往形而上学把同一作为起点遇到差异时哲学就走到尽头的缺

---

① ［德］黑格尔. 小逻辑［M］. 贺麟译. 上海：上海人民出版社，2009：65.

② ［德］黑格尔. 精神现象学［M］. 贺麟，王玖兴译. 北京：商务印书馆，2017：13.

③ ［德］黑格尔. 精神现象学［M］. 贺麟，王玖兴译. 北京：商务印书馆，2017：17.

陷，实现了自我的辩证运动，使哲学建立在形式和内容的绝对统一的基础上，使思想能够把握事物的自身。

德国古典哲学的形而上学，虽然具有不同的知识形态，但都在追求形而上学知识本身的科学性、绝对性和无限性。无论是康德在“先验”领域的追求未来科学的形而上学来寻求人类理性认识能力的知识，还是费希特在“主观绝对”中追求人类的全部知识，谢林在“客观绝对”中追求科学知识，或是黑格尔为理性建立的思辨的形而上学(真理之学)来保证感性、知性所形成的科学形态的确证性。德国古典哲学所建立的“知识形态”形而上学都是对于科学的超越，寻求科学何以可能，人类认识可以可能，就是要追求根基的永久和持存性，在为自身发展确立根据的同时，也要超越科学，超越知性和感性知识的不确定性，用理性为知识提供了普遍必然性的保证，为科学的发展提供根据性的东西。

第二章
德国古典哲学形而上学的“根基”及其建构

德国古典哲学形而上学是对于近代形而上学的超越,就在于德国古典哲学充分地意识到形而上学是对科学的超越,科学的根据往往建立在经验质料或是抽象推理的基础上,而德国古典哲学是要建构科学的形而上学,要建立在一个绝对的第一性的根基之上。"根基"是形而上学何以可能的保障,也决定了形而上学建构方式的可靠性。

一 德国古典哲学形而上学"根基"的理论定位

近代形而上学无论是唯理论还是经验论都是在科学基础上去研究关于认识论的问题,形成了知识形态的形而上学,但是这种形而上学面对休谟怀疑论的质疑无法建立具有客观必然性的认识根据,这样,科学迫切需要一种客观必然性的知识来保证自己的普遍依据。知识形态的形而上学已经不能建立在感觉经验和抽象理性基础上了,否则知识形态的形而上学大厦就会因失去了"根基"而倒塌。德国古典哲学形而上学的意义就在于充分地意识到形而上学是对近代以来所形成的科学知识形态的超越,如果不处理好主观与客观的关系问题,建立一个绝对第一性的形而上学"根基",整个科学世界就将失去基础,近代启蒙思想的成果将付之一炬。那么，总的来看，德国古典哲学所建立的“根基”有两个指向：人性向度与神性向度。

1.“根基”的人性向度：先验主体性、有限性、必然性

德国古典哲学“根基”所表现出来的人性向度是由先验主体性、有限性、必然性所构成的。尽管在研究德国古典哲学的思想时，在人性向度上所体现的特点有很多，但是在本文的研究中，“根基”就主要体现在先验的主体性、有限性和必然性三个主要的方面：

其一，人性“根基”的先验主体性。所谓人性，“作为人的自我追问，源于人的自我意识。对于人之所以成其为人来说，它具有前提的意义。它同哲学的合法性(即哲学之所以‘必要’和‘可能’)问题内在相关。因为哲学得以存在的理由，最终有赖于人对自我本性的体认”[①]。因此，“哲学的问题域中，人无疑是其核心问题。哲学的其他问题归根结底都是围绕人这个问题提出和展开的，它们最终都要服务和归宿于人这个问题。而人性问题又是人的问题的关键，是解决人的问题的突破口”[②]。人性问题的思考是伴随着人的二重属性展开的，一是纯粹“物种”意义上的肉体人，二是区别于动物本性而存在的精神意义上的人。人们孜孜以求的或者哲学追求的就是人的自身的这二重属性的统一。因此，与人的二重属性相对应，对人的研究也有两种可能的方式：“一种是经验的知识论的视野；另一种则是超验的形而上学的视野。”[③]所以哲学问题本身

① 何中华.“人性”与“哲学”一种可能的阐释[J].文史哲，2000(1)：5－12.

② 冯务中，李义天.几种人性假设的哲学反思[J].社会科学家，2005(3)：7－12.

③ 何中华.“人性”与“哲学”一种可能的阐释[J].文史哲，2000(1)：5－12.

无法回避人的问题，人性“根基”的先验主体性就是研究作为经验的人与精神的人的关系问题。人性“根基”所具有的先验主体性中的先验，是指“把一切与其说是关注于对象，不如说是一般地关注于我们有关对象的、就其应当为先天可能的而言的认识方式的知识，称之为先验的。这样一些概念的一个体系就将叫作先验哲学”[①]。学者邓晓芒把“先验”理解为：“在先的东西，但是它虽然先于经验并不脱离经验，讨论的是经验何以可能的问题。”[②]因此，形而上学的建构要从人出发，从主体中寻求普遍必然性的“先验根据”，寻找人类知识的普遍必然性，从而为形而上学的理论建构确定基础。康德哲学和费希特哲学就是这样的哲学，“人能够具有自我的观念，这使人无限地提升到地球上一切其他有生命的存在物之上，因此，他是一个人”[③]。康德先验主体涉及经验世界，先验主体具有形成一切知识的能力，也具有统摄哲学体系发展的能力，是知识得以形成的依据，具有普遍必然性。费希特的先验主体则更加纯粹，绝对自我作为行动的主体达到了超验，也使得费希特哲学成为了“唯我论”。

其二，人性“根基”的有限性。主体性建构形而上学就必然要考察主体的认识结构、能力和认识范畴，确定认识界限，因此就存在着认识上的有限性。人具有肉体和精神的二重性，人总是无法摆脱其生活的时代性和现实性，因此，人对世界整体的把握能力是有限的，有限性是人生存的普遍命运，所以，“形而上学与人的有限

---

① [德]康德. 纯粹理性批判[M]. 邓晓芒译. 杨祖陶校. 北京：人民出版社，2004：19.

② 邓晓芒. 德国古典哲学讲演录[M]. 长沙：湖南文艺出版社，2017：62.

③ [德]康德. 实用人类学[M]. 邓晓芒译. 重庆：重庆出版社，1987：1.

性性质存在着内在关联”[①]。从苏格拉底到黑格尔西方哲学传统就是认识有限性,因为人只有彻底认识了有限性之后才不会被有限性所制约。也正是由于对超越有限性的期待和向往,所以才能在哲学中更好地反思有限性,反思人本身。因而“焦虑就是有限,它被体验为人自己的有限。这是人之为人的自然焦虑,在某种意义上,也是所有生命的存在物的自然焦虑”[②]。所以,有限性是要对自身的生存进行自我肯定,要以一个过程性的存在的勇气超越生命,用“无限性”来解释和说明“有限性”现实生活的合理性和合法性,因而,“在德国形而上学里有一种有限性,有一种对有限的结局的追求”[③]。因为德国古典哲学形而上学总是关涉经验世界,其体现就是康德为主体“划界”,“哲学需要一门科学来规定一切先天知识的可能性、原则和范围”[④],费希特主体的有限性就在于当一切都以“自我”为根据便无法摆脱主观化,无法克服“唯我论”的局限。

其三,人性“根基”的必然性。必然与自由相对,是哲学研究中必须要面对的问题,必然的概念在不同的哲学家那里也不同,无论是从时间来看,还是从经验世界或事物的本性来定义必然都有其依据。一般地说,“可以把必然性区分为逻辑必然性与事实必然性”[⑤],进一步解释,“逻辑必然性的意思就是逻辑有效性,然而,物

① 牛小侠.“有限性”的视域与不同哲学形态演进的内在逻辑[J].思想战线,2010(6):58-62.

② [美]P.蒂利希.存在的勇气[M].成穷,王作虹译.贵阳:贵州人民出版社,1998:29.

③ [俄]别尔嘉耶夫.末世论形而上学[M].张百春译.北京:中国城市出版社,2003:26.

④ [德]康德.纯粹理性批判[M].邓晓芒译.杨祖陶校.北京:人民出版社,2004:5.

⑤ 黄正华.必然性、共同体与自由——对自由的一种哲学反思[M].湘潭大学社会科学学报,2003(1):42-48.

理的或事实的必然性显然不是一种推演形式的有效性，而与经验的事实内容相关”[①]。人性“根基”的必然性是指主体之中的必然性基础，是主体之中的“客观性”，即事实的必然性，这种必然性与经验相关联，又受规律的支配。因此，主体的必然性具有自然必然性的特点，是偶然性存在，用以解决主体的主观性，否则就会存在一切主观化的“唯我论”困境。如果知识的客观性基础被抽离了，知识的确定性便无法得到保障。这也关系到形而上学“根基”的稳固性和形而上学知识形态的合理性。康德和费希特均指向了客观性，因为“必然命题则是把实然命题思考为是知性的这些规律所确定的”[②]，是主体认知结构的必然性包含了认识的客观有限性。“从我们的知识中只突出思维仅仅在知性中有其起源的部分。但是，这种纯粹知识的应用作为其条件所依据的是：它可以应用其上的对象是在直观中被给予我们的。因为没有直观，我们的一切知识就都缺乏客体，在这种情况下它们就还是完全空洞的”[③]。因而，主体需要丰富自身，需要在特定规律中找到与经验世界的关系，关照经验世界，同时还要克服经验的限制，达到主客的统一。

德国古典哲学人性“根基”维度具有的先验主体性、有限性和必然性都是在诠释作为“根基”的主体应该是那种具有普遍必然性知识的存在，赋予经验知识以根据，追求逻辑转换，形式与内容的统一。

---

① [美]卡尔纳普. 科学哲学导论[M]. 张华夏等译. 广州：中山大学出版社，1987:253.

② [德]康德. 纯粹理性批判[M]. 韦卓民译. 武汉：华中师范大学出版社，1991:108.

③ [德]康德. 康德三大批判合集(注释版)(上卷)[M]. 李秋零译. 北京：中国人民大学出版社，2016:95.

2.“根基”的神性向度:主客统一性、无限性、自由性

“根基”在人性向度发展中存在着主观中寻求客观的困境,也必然导向形而上学“根基”由人性向神性的转向。当“根基”超越了“人性”就会走向“神性”,“神性”中才会蕴含着主客观的统一,形上对象的无限性诉求,以及自我决定自身的自由性。因此,当德国古典哲学的形而上学与神性充分结合后,才达到了它发展的最高样态,而其中的形而上学也具备了如下三个方面的“神性”向度。

其一,神性“根基”的主客统一性:就是主体的能动性与客体的限制的关系。西方哲学发展中主客统一有两种倾向,一种是客体统摄主体,使客体在二者统一中占据第一性的地位;另一种就是主体统摄客体,是主体在二者统一中占据第一性的位置。德国古典哲学所体现的主客统一总是试图冲破主体的限制,用“根据”来统一主体和客体,从而建立一个完整的知识性形而上学体系。主客统一就是“重建同一性”,建立思辨原则,是主客体之间的同一性被放在一个恰当的位置,思辨就是运用理性来超越形式的区分而达到统一,达到统一的方法有很多。康德所运用的是先天综合基础上的十二个范畴的演绎来形成知识,使知觉的主体和客体之间通过一系列概念形成同一。费希特就以“绝对自我”为根据实现了主观上的主客统一,是主观意义上的同一。谢林试图用“绝对同一”冲破主体对于客体的限制,形成主客观的统一,是知识的一个绝对原理,其寻找的根据就是那个“自我意识的绝对同一”,黑格尔试图通过概念的辩证运动来统一主客体。因此,无论是康德、费希特侧重于形式的存在论式主客统一根据的考察,还是谢林知识论式的主客统一根据的考察,抑或是黑格尔侧重内容的本体论式的根据考察,都是希望从形式和内容上达到一致,进而冲破限制,把主观

和客观统一起来,从而为真理性的认识奠定基础。

其二,神性“根基”的无限性:“根基”的无限性是指限制的“绝对”第一性的存在。所谓绝对,就是不需要任何条件的,永远都是会存在的东西,它是其他事物存在的第一前提。无限性就是绝对关于“根基”的不同角度的诠释。人的精神属性决定了人会冲破有限不断地追求无限,而无限性的最高状态无疑就是神性所具有的本质特点。上帝是无限性的代表之一,上帝所具有的理智才是人的理智最后的完成,上帝就是真理,一切真理、一切事物的根据就在于上帝。无限性与有限性相对,上帝可以解释人的现实生活,可以作为解释现实人的存在及其存在方式的根基,因而现实社会、历史和个人存在的根基也能在无限性中获得,因此,无限就是绝对,就是上帝,就是无条件的第一因。获得关于无限性的认识就是人类关于“绝对”的高级认识能力,只有理性才能认识无限。从康德到黑格尔分别从无限性——“绝对”的原则出发,论证了客观知识形成的过程,通过不同的哲学体系构建了不同形态的理性原则和“绝对”知识。因此,康德哲学“根基”的无限性就是绝对必然。在费希特哲学中,绝对就是指不带有任何外在关系的主体对象,是“绝对自我”,“绝对自我”是不需要任何条件的,是主观中自我的绝对状态。谢林哲学的无限性则是“绝对同一”,是知识论意义上的绝对无限,“就是包含在一切自由行动中的永恒的、普遍的客观的东西”[①]。黑格尔哲学中的无限性就是“绝对精神”。

其三,神性“根基”的自由性:自由问题是哲学永恒的话题,自由与必然关系问题是实现自由无法回避的问题,自由性的获得也必须处理好经验世界与超验世界关系的问题。自由在近代以来有

---

① [德]谢林.先验唯心论体系[M].梁志学,石泉译.北京:商务印书馆,1977:279.

两种理解方式，一种是从自然的本性去理解自由，关注人的经验现实性，强调自由的个体性。一种是从人的理性去理解自由，“强调自由的普遍性与形上性，着重体现理性对意志的引导能力”[①]。两种自由都表明了自由的态度，都是外力强制性地给予主体自由性，“如果经验世界中的所有事物都是实际被决定或可能被决定的，那么，在经验世界中任何自由存在的可能性都显然难以得到”[②]，所以，“人类获取自由的途径并不在于摆脱自己行为的必然性因果性，而只在于从外在的或强制的必然性转变为内在的或自由的必然”[③]。自由体现的是主体在神性“根基”中显现出的内省的、内在的自由，这种自由使外在的强制力式的自由模式转向主体自身自由，不是行为的必然性得到剔除，而是意志的自由得以建立。因而，在德国古典哲学形而上学发展中自由只有以主体自身为根据才能实现真正的自由性。因此，神性“根基”的自由性就是自由的自主性、自决性、内在性、自己是自己的原因等特征。德国古典哲学的自由性就是那种具有自主、自决、内在性于自身体系来建立的，在康德那里自由性就是人在道德实践里追求至善的过程中遵循自己为自己颁布的法则。在费希特那里自由性就是自我达到绝对自我的本原活动过程。在谢林那里自由性就是客体到主体，主体到客体的自主实现过程。在黑格尔那里自由性就是全体、是真理，因为它既是直接的，又是经过中介的，也证明自身是辩证的，并且自由性体现为只在于它们是理念的各个环节。

---

① 谷萧．德国古典哲学积极自由思想研究［D］．博士学位论文，辽宁大学，2017.

② 黄正华．必然性、共同体与自由——对自由的一种哲学反思［J］．湘潭大学社会科学学报，2003(1)：42－48.

③ 洪汉鼎．斯宾诺莎哲学研究［M］．北京：中国人民大学出版社，2013：481.

由上可知,“根基”神性维度是德国古典哲学发展中理性能够达到的高峰,从康德到黑格尔的哲学几乎都包容了人性和神性的维度,“神性”是德国古典哲学“根基”建构的宗旨与期待。

二　德国古典哲学形而上学体系的“根基”建构

德国古典哲学形而上学体系的建构是一个哲学用以表达自身思想的完善的方式和全部的精髓所在,对于知识性形而上学来说,构建一个完整的知识体系才能够清晰地表达哲学所体现的思想是什么,同时又保证“根基”在逻辑上的自恰,还能够保证“根基”基础上追求的主客统一的知识的严谨性。

1. 康德的“理性批判”:认知理性和实践理性的人性根基

康德的纯粹理性的哲学体系建构的“根基”是包括《纯粹理性批判》和《实践理性批判》在内所体现出来的人性维度。《纯粹理性批判》所包含的人的认知理性是康德形而上学人性根基得以确立的重要因素,而《实践理性批判》所包含的实践维度是人的本性中自由何以可能的重要依据。

首先,“根基”人性维度在《纯粹理性批判》所要解决的问题主要就是人的先天综合判断何以可能。康德从数学何以可能,自然科学何以可能,以往形而上学何以可能,未来的形而上学何以可能四个角度出发,构建人在认识领域的主体地位。以往形而上学在康德这里被认为或是关于知识的独断表达,或是陷入怀疑主义的泥潭。人的理性受到了质疑,这种哲学的表达方式已经不能表达人的真正的本性了。这样，康德就把人的“先验性”看作是经验知识何以可能的根据。因为只有理性才能赋予经验知识以客观必然性，以往形而上学所获得知识不具有普遍必然性，因为人类知识的获得在经验论看来，就是以感性知识为主的，根据放在了偶然的经验世界，理性并不是必须的。而在唯理论看来，人类知识是以理性知识为主的，不需要经验和感官，把知识根据放在了绝对的天赋理性。二者在康德看来都没有认识到人的认识能力所具有先天的能力，为此，康德试图建立一种认知理性，能够提供一种既关涉主观，又关涉客观的理性，既能够提供经验材料的实在性，又能够提供普遍必然性的知识，使知识真正地为人所建立，建立在人的先验逻辑基础上，使知识确实存在于以“先验统觉”所统摄的范畴之内，使知识在主体中建立起来。

对此，康德提出了一种新的哲学思考路径：“向来人们都认为，我们的一切知识都必须依照对象；但是在这个假定下，想要通过概念先天地构成有关这些对象的东西以扩展我们的知识的一切尝试，都失败了。”[①]这样，康德认为就应该从哲学的另一条路径来完成形而上学任务，“因此我们不妨试试，当我们假定对象必须依照我们的知识时，我们在形而上学的任务中是否会有更好的进展。这一假定也许将更好地与所要求的可能性、即对对象的先天知识的可能性相一致，这种知识应当在对象被给予我们之前就对对象有所断定”[②]。那么，既然有了认识的假设，就可以推出认识的原则，其一，就是使对象必须符合主体认识能力的原则。先验知识本

① ［德］康德．纯粹理性批判［M］．邓晓芒，杨祖陶译．北京：人民出版社，2004(序)：15．

② ［德］康德．纯粹理性批判［M］．邓晓芒，杨祖陶译．北京：人民出版社，2004(序)：15．

身并不是对象，也不是关于对象的直接的知识，“是一种关于对象知识的知识，或者说它是关于对象的先天知识的先天知识”[①]。这种知识运用人的理性去认识经验的东西，在感性的东西里面去发现先验的成分，去认识人的认识能力。时间和空间是构成认识的两个先天直观形式，先天直观形式接受各种感性的杂多，被给予到先验的范畴中，据此来形成知识。时间和空间既具有“先天的观念性”，也具有“经验性的实在性”，可以是形成客观对象知识的知识。因此，现象要通过主体先天的感性直观形式来整理之后才成为主体认识的对象，对象在这里就是经过人的感性直观形式所加工的具有“人化”特性对象。因此，康德所建立的人的知识是跟内容相关的，在这一点上，人的先验主体为形式逻辑提供根据。其二，对象与先天概念相一致的原则。康德为我们展现了主体人的认知理性的强大作用，就是人的知性范畴原理可以形成经验世界的所有知识，而这些知识产生的对象又反过来与我们的先天概念一致。人的先验自我意识把握了十二个范畴、四个知性原理，经验的实在性是由先验的观念性所建立起来的，认识的普遍必然形式就是先验的范畴，当经验对象被人所认识时，其形式必然来自于知性所产生的判断形式，其最高的先天综合判断又把不同的表象统一起来，统一在知性固有的先验范畴下，这就是知性范畴在经验对象的应用，也是先验范畴对于感性直觉的综合统一作用，以此，康德确立了认识的必然性依据。形式逻辑认为认识的根据要么在于感觉经验，要么在于理性的抽象，而康德认为认识的根据就是“先验统觉能力”。在这个层面上，康德再一次地彰显了先验性作为“人性”根基的必然。

---

① 邓晓芒. 德国古典哲学讲演录[M]. 长沙：湖南文艺出版社，2017：65.

其次，人的实践理性是道德知识何以可能的“根基”所在。实践理性所构建的道德形而上学是由于人的认识能力的限制而用来认识那些被康德限制在物自体领域的不能认识的“超验对象”的科学形而上学，它形成关于实践理性的知识。因为，实践理性“作为纯粹的理性而现实地是实践的，那么，它就通过这个事实证明了它以及它的概念的实在性”①。在这种情况下，实践理性拥有自己的法则，当“纯粹理性能够在自身中包含着一个实践的、亦即足以规定意志的根据，那么，就存在着实践的法则”②。因此，这个意志的实践法则就是任何时候都可以被称为普遍的立法原则的东西，因为就其自身而言是实践的理性，可以直接立法，意志就被法则所规定，是那种独立地作为先天综合命题把自己强加给我们，它不需要任何直观，仅仅是纯粹理性的唯一事实。实践理性的对象是一个为了获得自由而在道德上愿意去行动的人，他遵循着一条普遍法则，因此，“纯粹理性单凭自身就是实践的，并给予(人)一条我们称之为道德法则的普遍法则”③。道德法则就是道德形而上学建立的基础，也就是说，意志准则得以建立的根据是人的纯粹理性，纯粹理性中的实践理性又是道德法则建立的依据。道德法则就要先于善和恶概念并且规定善和恶。人在道德法则的约束下所遵循的实践原则的实现程度，也就是自我颁布的法则的实现程度，决定着自由，自由理念在道德律的促使下，理性一定要对对象世界的现实产生影响，要去行动和做事。就像康德所说“通过意志自由产生出至

---

①　[德]康德.康德三大批判合集(注释版)下卷[M].李秋零译.北京：中国人民大学出版社，2016：531.

②　[德]康德.康德三大批判合集(注释版)下卷[M].李秋零译.北京：中国人民大学出版社，2016：543.

③　[德]康德.康德三大批判合集(注释版)下卷[M].李秋零译.北京：中国人民大学出版社，2016：555.

善，这是先天地（在道德上）必然的；因此，至善的可能性的条件也必须仅仅基于先天的知识根据"[①]。道德律就成为了一个理性的事实，人的自由也成为了可能，道德领域的自由是无条件的绝对的自由，是道德存在的理由。尤其是具有自由意志的自由是理性本身的一贯运用，理性这时就是一种无条件的命令，也就是绝对命令。人们出于对于自己的理性的运用来完成自己的行为，只要是这种理性的自己规定自己的目的的理性完成就是自由意志的显现，这种绝对的自由所建立的法则就是道德。因此，先验哲学所形成的实践理性，是人类道德知识得以形成的必然条件，也是道德形而上学何以可能的根本所在。

总之，"康德哲学在把握纯粹理性批判和实践理性批判何以可能的先验论证时，坚守着一个最终的问题底线，如康德本人归纳，其全部哲学在于建构'人是什么'的哲学设定"[②]。康德形而上学体系的建立"根基"就在于刻画人性的内在属性，在理论理性和实践理性的对接发展中完成对于人性自身的理性的塑造和精神的跃升。但就像费希特所指出的那样："康德哲学至少有两个缺点：一是物自体学说；一是康德的先验要素是从经验中分析出来的，不可能尽举无疑，而且它们之间没有必然的关联。"[③]因此，费希特就从康德的物自体学说出发，运用先验的要素之间的必然联系开始了主客统一的尝试。

---

① ［德］康德. 康德三大批判合集（注释版）下卷［M］. 李秋零译. 北京：中国人民大学出版社，2016：624.

② 陆杰荣. 高斯扬. 论康德关于"人性"设定的内在环形结构及困境［J］. 辽宁大学学报（哲学社会科学版），2012(2)：14－20.

③ ［德］费希特. 全部知识学的基础［M］. 王玖兴译. 北京：商务印书馆，1986：译者导言 5.

2. 费希特的“绝对自我”：主客统一的“主观绝对”根基

费希特认为，知识学应予以穷尽的人类精神的一切行动方式，他从自我出发建立起他的哲学体系，他的哲学体系的建立依赖于形而上学“根基”所蕴含的绝对理性。费希特的自我是一个行动的主体，这个行动的主体就是“绝对自我”。费希特通过批判康德哲学建立了自己的先验哲学。

其一，“绝对自我”是知识产生的来源。费希特“从自我出发，但这个自我却被说成不是个别经验的主体，而是作为一切经验之基础的普遍的先验的主体”①。与康德不同，费希特认为知识的来源是主体刺激自身而产生的，康德所谓的对象，在费希特这里，通过想象力造成的效用性范畴推演出的质料所形成的对象，并不是物自体所刺激而成，而是自我建立的非我反作用于自我而产生的。“通过自我设定非我，外物世界就由先验的自我无意识地创造出来了”②，当自我包含了对象和自我的对立时达到了绝对自我，无条件的自我，是一种主观的绝对自我。万事万物可以归于这个绝对自我，也可以由这个绝对自我限制出大千世界，在想象力的基础上，在时间中规定直观，在空间中规定被直观者，使对象成为可能，使世界成为可能。在费希特看来，世界可以分为理论世界和实践世界，那个被康德做了严格划分的认识领域和实践领域在费希特这里被费希特的知识学原理统一了起来。自我意识就是自由意志，是自我按照自己所设定的规定来发展自己。因为，理论理性所产

① [德]费希特. 全部知识学的基础[M]. 王玖兴译. 北京：商务印书馆，1986：译者导言 21.

② [德]费希特. 全部知识学的基础[M]. 王玖兴译. 北京：商务印书馆，1986：译者导言 21.

生的自然科学知识当然是知识,实践理性所产生的道德同时也是知识。反过来说,知识也是一种实践活动,认识活动也是一种实践活动,二者的实践活动统一于自我的行动当中。

其二,“绝对自我”的知性直观。费希特的先验自我意识强调一种行动,因为“我思”本身就是行动的自我,这样,由“我思”导出我的行动,从这个行动会推衍出一系列的结果,从自我意识推演出所有的范畴,从自我意识概念作为一种行动的概念,推演出各种范畴。因此,与康德哲学中人仅仅能够具有感性直观不同,费希特哲学中知性本身可以推衍成一种直观,叫知性直观,这里的知性直观最初虽然源于康德,但是区别于康德,康德强调感性直观。费希特认为这种直观是哲学的开端,这个开端性的知性直观应该是一种确定的东西,这个东西就是自我。自我通过自我意识推演出来,由自我意识的客观化、对象化推演出来,紧接着,知性直观推出它跟自我意识本身的主体有一种作用,一种交互作用,一种反作用。自我意识自身推演出知性直观,但是自身又在知性直观上面碰到障碍。进一步的,自我意识设立一个非我当作自己的障碍来作用于它自己,这个时候就产生出了经验的材料。这些经验材料作为对象并不是刺激了我,才产生了感觉,实际上对象本身就是我建立的,所以实际上是我自己造成的。“在知识学看来,一切现实的最终根据,对自我而言,那是自我同它之外的某种东西之间的一种原始交互作用”①。交互作用就既造成了知性直观的时间空间,又造成了在时间空间中的感觉、知觉、印象,那么我们就进入到了现实的自然界和现实的社会生活中,从中进一步地发展出科学、科学知识、以及道德、伦理、法律和世界历史。

---

① [德]费希特.全部知识学的基础[M].王玖兴译.北京:商务印书馆,1986:204.

其三,“主观绝对”的根基。在费希特哲学中,虽然经验世界是自我本身所设定的存在,自我通过自身的本原活动也能演绎和生发出整个人类世界,但是那个与自我产生交互作用的推动者,其存在也依赖于自我,这就使得“根基”本身不可避免地带有主观性,当知性直观确保了自我是一个直接确定的东西,是不可置疑的存在者,也就是我存在,我存在是哲学的开端,我就是那个知性直观的主体,这个知性直观已经区别于康德感性直观只对认识领域起作用,主体和客体都来自知性直观所确定的自我。当主客体都来自确定的自我时,那么,在自我意识的行动过程中,费希特就把康德哲学中的理论理性和实践理性统一了起来,把主观与客观统一了起来了,把自然和自由被统一起来了,但是这是一种主观绝对的统一形式。因此,在费希特哲学中一个表象和它的对象之间的关系就是结果与原因的关系,那么,绝对主体与表象的关系就是实体与偶性的关系,那些表象都来自于这个“绝对主体”。

总之,费希特的形而上学体系囊括了全部知识学原理所产生的理论知识和实践知识,主体成为这两种知识的来源,这些知识在“知性直观”的演绎中,在绝对自我的行动中被建立起来,理论理性和实践理性在“绝对自我”中被统一起来了,这种被统一起来的形而上学体系的“根基”就是具有人的理性的“绝对自我”。

3. 谢林的“理性同一”:主客统一的“客观绝对”根基

谢林哲学中主客统一的建立其“根基”是“理性同一”,是人的理性在客观上所达到的绝对同一状态。这种“理性同一”建立的动力就是理性自我的智性直观。

首先,从“客观的主体”出发建立自身。与费希特不同,在谢林的哲学里,主客观的统一被视为一个从客观到主观的演进过程。

主体被看作是一个客观的主体，强调主体的客观性。当然，这种主体也是有主观性的主体，它是从客观的主体出发，逐步地发展到主观的主体，这种客观的主体和主观的主体是存在差别的，当主体是客观主体时，它设定在我们之外，是不以人的意志为转移的。而当主体发展到主观主体时，就变成了设定在我们之内的主体。因此，谢林的哲学出发点是一种“完全客观的主观的东西”[①]。谢林明确表明：“在我的体系里，那在自身内运动着的东西，就其自身而言并不是一个已经被设定的主体，而是如我们早先注明的那样，仅仅是一个有可能成为客体的主体。在这个意义上，它既非完全就是主体，也非完全就是客体，毋宁说它是主体和客体之间的一个平衡，这个平衡又被表述为主观和客观的无差别。”[②]因此，在谢林为我们从绝对同一（无差别）出发，演进了一种主客观的统一。主体在谢林这里是一个相对概念，是相对于客体而言的主体，当主体把自身造成一个客体时，它相对于这个自身造成的客体而言就是一个主体，这时主体自己既不是主体也不是客体，而是一个因为自己成为客观而是主观的东西，也就是无差别。这种无差别不需要外在的推动和刺激，而是主体自身的一种自在的运动，是一种纯粹的客观的无差别。

其次，主客统一是自我运动的过程。想要达到“理性同一”，主体必须经历一个演进的过程。第一个阶段，也就是最初的阶段是主体与客体处于平衡状态的绝对无差别的同一，主体在这种状态下是自在的，也是从这种状态开始，主体开始进行自我的关注，这

① ［德］谢林．近代哲学史［M］．先刚译．北京：北京大学出版社，2016(3)：155.

② ［德］谢林．近代哲学史［M］．先刚译．北京：北京大学出版社，2016(3)：155.

种关于自我的关注，就是主体对于自身的关注，这种关注产生了主体和客体差别。自然的，在这种关注里，要有关注者和被关注者，关注者就是主体自身，当主体自身关注着存在时，它已经存在于主体之外，受到了自己所关注的那个存在的约束，成为了最初的客观的东西。相应的，因为关注本身就是做出了限定，被关注者本身自动就是一个客体，必然是一个被限定者。通过这种主体的不断地自身关注，主体就从那个最初的存在开始了向无差别的绝对的发展。那么，当主体由于具有其本性必然的想把最初的存在提升为一个与自身相符合东西的内在动力时，主体在它自身的每一个形式里面都要把自己推向客体，在这种不断地推向客体的过程中，主体把自己提升为那种内在性或者精神性，直至达到最高级的精神属性，并且作为存在能够认识到自己，主体才完成了这种演进过程。这个演进过程也就是客观到主观的推进过程，当客体完全地等同于主体时，这个运动才能够停止，也就是最初的客观存在不断在更高的潜能阶次中推进为主观时，主客统一起来了，统一为绝对者。如此通过潜能阶次不断地向更高的层级推进而达到的绝对者，"已经把存在的全部环节包揽在自身之内、同时又相对地置于自身之外，它再也不能下降到存在、下降到转变过程，也就是说，它已经被设定为一个存在着的、持久不变的精神——这种意义上的绝对者对于我的体系来说同样也是终点或结果"①。那么，谢林这里的最初的开端，作为主体而存在或者是绝对无差别不仅仅是作为起点的前提性存在，也应该是作为终点的达到完满的绝对的存在，是一种绝对的同一。

最后，自我达成具有"客观内容"的"理性同一"。自我在形成

① ［德］谢林．近代哲学史［M］．先刚译．北京：北京大学出版社，2016(3)：176.

“理性同一”的运动中具有一种直观能力，谢林区别于费希特的知性直观，把它称之为“理智直观”(也有学者称为智性直观)。谢林的理智直观强调的是内容，费希特的知性直观强调的是存在，因此，费希特用知性直观证明自我的存在，谢林用理智直观确证主体的内容的客观性，来证明主客体同一性。在这里，谢林超越了费希特和康德的感性直观以及知性直观，这种自我具有理智直观，并不是要在理智直观里去确定那个具有直接确定性的自我，而是在理智直观里通过摆脱主体成为客体进而成为更高主体的东西，“唯一实在的东西存在于自身本来既是原因又是结果的一个绝对之中，即存在于主体和客体的绝对同一之中，这种同一性我们称之为自然，而级次最高的同一性又正是自我意识”①。因此，自我意识的主客同一，就是自我理性的同一表达，是自我在发展中不超越客观世界，又包含客观世界于自身的过程，也是谢林哲学的“根基”所在。

由此可见，谢林哲学所包含的主体和客体的绝对同一是其整个哲学的灵魂所在，“理性同一”是从自然界出发，不断的提升自身过程，这种主体的提升就是把与现实的对立作为出发点，把自己提升为一种更高的主体性。这种主体性的最高状态，超越了它的存在的每一个层面，把自己设定在一个更高潜能阶次的主体性、精神性或内在性之内，直到最终成为一个纯粹的、完全保持在自身内的主体，是对于形而上学“人性”根基建构的进一步的诠释。

4. 黑格尔的“绝对精神”主客辩证统一的神性根基

黑格尔哲学的“根基”是理念的辩证运动，经过逻辑学—自然哲学—人类社会所形成的“绝对精神”。这个绝对精神包含概念运

---

① [德]谢林. 先验唯心论体系[M]. 梁志学，石泉译. 北京：商务印书馆，1977：23.

动所产生的所有的丰富性于自身，是主体和客体的辩证统一。同时又将思辨神学的意蕴纳入到其哲学体系的结果之中。

首先，作为“根基”的“绝对精神”的实现过程。在黑格尔哲学中所构建的概念的圆圈式的运动使得黑格尔哲学成为了一种无所不包的哲学，其特点就在于“绝对精神”通过概念的自身发展从自然到人类社会再回归自身的过程，这恰恰也是“根基”实现自身的方式。黑格尔的这种哲学中具有客观性的意义，尤其包含有一种绝对完满的对于上帝和神性事物的认识超越了康德的哲学。因为在康德看来，对于上帝和神性认识是理性所不能达到的，康德认为主体的想象力是具有生产性性质的想象力，产生出了直观与概念的综合，形成了先验统觉的综合统一，这种自我意识的自在存在，亦即自我意识中的对立双方在自我意识之中绝对为一，就是康德所认为的理性，但是理性有其作用的范围，就是现象界。对于现象界之外的物自体世界，是理性所不能认识的。康德在这里为我们设置了主客观的二分世界，费希特和谢林都在统一主客二分的道路上进行了自己的尝试，黑格尔继承了德国古典哲学关于绝对的传统，认为绝对就是主客的同一，但是区别于费希特和谢林，“绝对”在黑格尔这里是一个整体性的思想，“在这个考察过程中，知识一方面是‘自在的’，另一方面是‘为他的’，即‘作为我们的对象’，然而知识自身就包含着‘自在存在’和‘为他存在’这两个环节，其在本性上就克服了二者的分裂”[①]。即主观与客观的辩证统一，是包括个别性与统一性的辩证运动，二者的辩证运动构成了精神运动的一个环节，而所有环节所构成的那个整体，是诸环节之间的演化运动本身。这种主客观的最高的辩证统一要在“绝对精神”的运

① 先刚.“回忆”和黑格尔精神现象学的开端[J].江苏社会科学，2019(1)：122－130.

动中实现，是具有丰富的、真正的客观性的运用，需要达到绝对精神时才能获得。

其次，黑格尔“绝对精神”根基的神性特色。黑格尔不同于康德、费希特和谢林，认为在思辨的哲学里面，上帝的理念以一种逻辑的方式先于一切实在性、自然界和时间，就达到了完满，但是上帝还要经历一个贯穿自然界和精神世界的过程，重新产生一个完满的理念，这个理念是相较于最初的理念的一个丰富的实在的结果。在黑格尔哲学中，“‘人’和‘上帝’这两个概念本来就是相辅相成的：人是从有限性角度来看的上帝，而上帝则是从无限性角度来看的人”①。“绝对精神”就是通过概念把握知识的方式来认知着自己的精神，就像上帝通过不断地外化为对象，从对象身上认识自身一样，黑格尔认为理念首先要进入自然界，在自然界中有了客观的物质因素，进而进入人类社会，成为人的精神，这时在人类社会的领域内，精神通过自己的行为在人的精神里获得主体性，成为绝对精神，绝对精神最终把运动的全部环节当作它自己的环节囊括在自身内，它就是上帝。经过这种活动，最初的概念不仅仅是主观的纯粹，而是经由自然界和人类社会后包含客观性于自身，在概念的辩证运动中主客观最后统一于绝对精神，绝对理念和绝对精神在内容上是一致的，只不过在形式上存在差别罢了。这种概念的自我辩证运动，也就是上帝的自我运动，在黑格尔哲学中的上帝并不是一个纯粹的概念，而是“上帝”概念本身，概念就是上帝。

最后，“绝对精神”这一“根基”被建立起来的方法是辩证的方法，也就是黑格尔提到的直接性与间接性的辩证法。辩证法在黑格尔看来就是“认识到思维自身的本性，认识到思维作为理智必陷

---

① 先刚．“回忆”和黑格尔精神现象学的开端[J]．江苏社会科学，2019(1)：122－130.

于矛盾、必自己否定其自身这一根本见解，构成逻辑学上一个主要的课题”[①]。因此，黑格尔所提倡的辩证法这一解决矛盾的方法与康德遇见矛盾退回到自身，形成了一个理性不能认识的物自体来解决的方法不同，主张“在思维自身中以完成解决它自身矛盾的工作”[②]。黑格尔以感觉的事物和上帝举例子，哲学是关涉经验的科学，从经验出发，从感觉意识出发，思维要超出那些经验的材料，把自己升华到不含有任何经验成分的思维阶段，直到达到“绝对精神”的纯粹自我为止。因此，虽然我们的意识总是离不开感觉材料为我们提供的经验内容，但是，思维的发展必然要求，理念（上帝）是对于感性的否定或超越，“上帝以及其他一切超感官的东西的知识，本质上都包含有对感官或直观的一种提高。此种超感官的知识，因此对于前阶段的感觉具有一种否定的态度，这里面就可以说是包含有间接性”[③]。这样，上帝以感性事物为中介，但上帝又是那个无条件的绝对事物，是以自身为根据的。那么，那些被上帝否定和超越的感性事物反倒是以上帝为中介，也就是上帝这个无条件的事物创造了有条件的感性事物，因此，“理念（绝对或上帝）多少总是抽象的”[④]。这个抽象是理念（上帝）超出自身的抽象，可以过渡为经验世界的一切实存。就这样，上帝处在一个必然演进的过程之内，不断地否定自身而获得思维上的满足，上帝不断地否定自身或者说启示自身的过程就是在不断在外化（圣子），而同时又扬弃这个外化，直至返回到自身之内，上帝返回自身需要通过人类精神在艺术、宗教、并最终在哲学之内完满地发生的。因此，人类精

① [德]黑格尔．小逻辑[M]．贺麟译．上海：上海人民出版社，2009：67．
② [德]黑格尔．小逻辑[M]．贺麟译．上海：上海人民出版社，2009：67．
③ [德]黑格尔．小逻辑[M]．贺麟译．上海：上海人民出版社，2009：68．
④ [德]黑格尔．小逻辑[M]．贺麟译．上海：上海人民出版社，2009：68．

神同时也就是神圣精神(绝对精神、圣灵)。这样一来,上帝才获得他的完满的自我意识,这样人性的形而上学的根基就在辩证法的发展中转化为一种绝对的真理(上帝),成为一种认识真理的“绝对精神”。

因此,德国古典哲学体系的“根基”跃迁,是将形而上学建立在一个“绝对”的根基之上,而这个“根基”都存在着一个由“人性”向“神性”不断发展的逻辑走向。费希特找到了康德哲学体系所要表达的主体内的绝对同一。谢林则找到了费希特试图把客体纳入主体的主客统一的绝对同一。黑格尔既吸收了康德开始的体系性建构的哲学特征,又吸收了费希特哲学体系中的可以以假设状态存在的哲学的体系的“根据”建构的方式,还吸收了谢林哲学中的客观性原则,以理性来构建一个以“绝对精神”为根基的体系。

三　德国古典哲学形而上学根基体系的逻辑建构

德国古典哲学形而上学的体系的逻辑建构是这一时期形而上学的主要特征,理解德国古典哲学,就要从它们所各自构建的哲学体系出发,寻找体系逻辑建构的线索。康德、费希特以主体为依据,分别建构了以理性为根基的理论理性、实践理性和审美理性为主的体系;以“绝对自我”为根基,通过知识学原理来演绎整个形而上学的体系。谢林则在冲破主观化束缚中,建立了一个在主客观之上的“绝对同一”来打破二元结构开始哲学体系的建构,直至最后黑格尔形成了以“绝对精神”为根基的主客统一的“最完善”的思辨体系，德国古典哲学体系建构的这种逻辑变化，是每一个体系都在前人基础上不断地向前演进的过程。

1. 康德的“纯粹理性”与先验形而上学的建构

“在康德著作里，康德强烈建议把体系作为科学的准则，也就是说坚持一种科学的哲学观”[①]。因此，理解康德，就要理解他围绕主体理性所建构的先验形而上学逻辑体系。就像康德自己所指出的那样：“知识作为科学，必须按照一种方法来处理。科学是作为体系的知识整体，而不单是其堆积物。因此，科学要求一种系统的、按照深思熟虑的规则编成的知识。”[②]就这样，康德为我们发现“主体理性”的真、善、美与其先验形而上学的体系的三大部分一一呼应，为德国古典哲学形而上学人性的彰显做出了自己特有的贡献。

首先，在纯粹理性批判中，康德为我们展现了人性形而上学根基“真”的一面。康德开启了认识领域的哥白尼革命，使以往认识活动主观符合客观的认识方式转变为了客观符合主观的认识方式，这种认识方式的转变就得益于先验主体性的建构，康德在其认知哲学中为我们设置了一个最高的先验自我的统觉综合，这种先验的自我意识是一种能动的认识能力，通过先验的认识能力，人类为自然界编制了一张认识之网，自然界中的万事万物都可以在网中找到自己的位置。通过时间和空间的先天直观形式，形成了十二个范畴，这些范畴就形成了经验世界感性杂多知识的梳理和规

① [美]汤姆·罗克摩尔. 黑格尔：之前和之后——黑格尔思想历史导论[M]. 柯小刚译. 2005：13.

② [德]康德. 逻辑学讲义[M]. 许景行译. 杨一之校. 北京：商务印书馆，2010：135.

范法则，经验世界那些杂乱的、零散的知识就在人的理性的统摄下变得可认识，这种关于认识的方式，是与经验对象有关的，是一种人的先天的能力所得到的，这种先天的能力不是以往的所谓感性、知性所获得的知识，而是人的理性运用自己的认识能力通过物自体的刺激而产生的对于现象界的认识，这种由物自体的刺激产生的质料形成的自然科学知识是以人的理性的先天认识能力为基础的，因此“人为自然立法”。康德在认识领域寻求一种知识的“真”，也就是一切知识何以可能，这就为体系建构确定了先天的基础，这一基础在康德看来是数学和自然科学得以产生的确实根据，也是先验形而上学体系得以建立的前提。对此，康德说：“数学家、自然科学家和逻辑学家，无论前两者一般地在理性知识中、后两者特殊地在哲学知识中取得过怎样的进展，他们却都只是理性的专门家。仍然有一个理性中的导师对他们大家作安排，将他们用作工具，以便促进人类理性的根本目的。唯有这个导师是我们必须称之为哲学家的……”[①]因此，康德哲学体系的第一个问题就是考察人的认识能力何以可能，为认识划界，因为对于知识的普遍必然性的追求，是对于人的认识能力的确证，因为无论从逻辑上说还是从事实上说，没有人就没有世界，人的认识能力为这个经验世界立法，使得世界得以发生，向人显现的问题。

其次，在实践理性批判中，康德为我们展现了人性形而上学根基“善”的一面。康德的实践理性批判主要讨论实践理性的可能性、范围和界限的原则，是一种科学的形而上学体系在道德领域的延伸，这个体系也是实践理性对于自身的批判发展出来的。康德从道德律中引出了自由，康德认为“自由的概念对于一切经验论者

---

① [德]康德.纯粹理性批判[M].邓晓芒译.杨祖陶校.北京：人民出版社，2004:634.

来说是绊脚石，但对于批判的道德论者来说却也是最崇高的实践原理的钥匙”①。这种崇高的实践智慧就是要求人能够合乎道德的合理的去行事，而这种实践智慧中的道德律就表明了一个理性事实，那就是人有自由，人可以自由地按照自己的意志来行动。当然，这个自由是实践领域的积极自由，是绝对的自由，也就是说这种自由是主体自身建立的自由，是一种道德法则的自我遵循。康德哲学所构建的体系性能够形成人们对于人类灵魂的整体的认识。关于实践理性与体系的关系，康德指出：“它(实践理性)更具有哲学和建筑术的性质，即正确地把握整体的理念，并从该理念出发借助于在一种纯粹理性能力中把一切部分从那个整体的概念中推导出来，而在其彼此之间的交互关系中把握那些部分。这种检验和保障唯有通过对体系的最内在的熟知才有可能，而那些就前一种探究而言就已经感到厌烦、因而认为不值得花费力气去获得这种熟知的人，就达不到第二个阶段，即综合地返回事先分析地被给予的东西的那种纵览。”②因此，认识康德的哲学，不仅仅需要把握每一个部分的特点，还要从整体上认识和理解哲学思想的用意。那么，康德通过纯粹理性的基本法则推出了普遍法则，这条道德法则是把自己看成是先天的实践的存在，当主体想要采取一个行动时，就把意志的准则保持在纯粹意志上，也就是说保持在自身之中。但是人作为有限的存在，在行动中不断地追求最高的神圣的道德法则，而又达不到这种神圣的道德法则，这是人作为自然物的一种能力上的缺陷。但是在这种不断的前进和无限的发展中，对

① ［德］康德．康德三大批判合集(注释版)下卷［M］．李秋零译．北京：中国人民大学出版社，2016：534．

② ［德］康德．康德三大批判合集(注释版)下卷［M］．李秋零译．北京：中国人民大学出版社，2016：536．

于神圣的道德法则的追求是不会停歇的，这种持续的、始终不渝的为道德法则提供支撑的准则的那种向上的努力意志就是德性。也就是说，人们达不到最高的道德法则，但是人们对于最高的道德追求中所付出的坚持的努力就是一种德性，这种德性就是实践理性所体现的那种实践智慧，也就是主体在纯粹理性中，不与经验作用，纯粹的去追求的那种道德性的神圣之物。

康德还区分了自由的任意和自由意志。自由的任意就是当主体获得理性时，就是他获得了高于动物的一种自由设计目的的能力，也就是把理性当作工具，以此来达成设计的自由的目的。那么，自由意志就是要把理性的运用当作目的，是理性一直坚持的去做某事。“理性的立法所要求的却是它只需要以它自己本身为前提条件”[①]，也就是说，自由意志是无条件的命令，主体就是纯粹的拥有法则，而不去管那些所谓的结果，这种实践理性仅仅与意志相关，是纯粹实践理性。这种纯粹实践理性必须要对上帝和来世进行悬设，因为现实生活中人要想达到自身的完全的善，达到至善并不能实现。同时要想达到完全的幸福，达到德福的统一也是不可能的。道德虽然高于幸福，但是幸福总是存在于经验世界，有一定感性的比例，为此，要达到至善就需要在彼岸世界或者是在上帝那里寻找。这样，不难看出，在纯粹理性批判中因划界而不能被认识的“不可知”之物，自由、灵魂和上帝，在实践理性批判中则因为理性意志的纯粹自我规定而被认定为真，并且由于意志自由而无限的被接近。主体在为自身颁布法则而行动的自由中可以实现至善的目的，善不在外在世界和他人的评价之中，而是存在于内心的道德律中，因此，康德认为人既应该具有理论理性的求“真”的先验认

① [德]康德. 康德三大批判合集(注释版)下卷[M]. 李秋零译. 北京：中国人民大学出版社，2016：544.

识能力，也应该具有实践理性求“善”的道德至善能力，是从理性的反思走向理性的实践，这是体系建构中“人的理性”的进步。

最后，在《判断力批判》中，康德为我们展现了人性形而上学根基“美”的一面。《判断力批判》是康德哲学体系中最后一环，也是对于认识理性和实践理性进行衔接的一环，是为了纯粹理论理性批判和纯粹实践理性批判的统一而形成的先验哲学体系的拱顶石。理论理性的自然概念是由知性建立的关于自然的法则，实践理性的自由概念是由理性建立的实践的法则。这二者虽然在立法上界限明显，但是在认识的过程中是相互作用的，二者虽然都属于人这个主体，但并不能构成一个统一体。作为感性存在的自然概念和作为超感性存在的自有概念之间有一条明显的沟壑，使理论理性向实践理性的过渡变得非常困难，因为二者所关涉的领域截然不同。但是，康德则从另一个角度认为我们可以从实践理性去认识理论理性，“自由概念应当使通过它的法则所提出的目的在感官世界中成为现实；因此，自然必须也能够这样来设想，即它的形式的合法则性至少与要在它里面造就的目的按照自由法则的可能性相协调”①。因此，关于理论理性和实践理性的统一是有着某种统一的根据的，这个根据既不是理论理性的也不是实践理性的，而是作为这两个部分结合成为一个整体的手段的判断力批判。判断力批判是一种一般的纯粹认识能力的批判。这是理论理性实践理性的中间环节，作为中间环节的判断力是一种先天的在自身具有主观的原则的东西，它自身可以创造出从理论理性向实践理性过渡等纯粹的认识能力，它包含愉快和不快的情感，这种情感既区别于关于自然的认识能力也区别于关于实践的欲求能力的。判断力

① ［德］康德．康德三大批判合集（注释版）下卷［M］．李秋零译．北京：中国人民大学出版社，2016：689．

所具有先天的主观的原则或是先天的认识能力就是反思性判断力。反思性判断力是从大量的感性中提取出具有规律性的东西，也就是自下而上地进行提升，把个别的东西提升为普遍。

当然，反思性判断力所产生的概念和规律都不是真正的概念和普遍性的规律，只是合乎规律性，是自然按照经验法则已经给出的那种联结而言来反思自然。反思判断力涉及了主体的诸认识能力的自由协调活动，把各种认识能力从各种认识对象发现的东西，通过这些对象调动起来，是主体自身内的自我的协调运动，并不是因为目的而协调，是因为自由感而协调，这种反思的判断力寄托了主体关于自由的需要。反思判断力所强调的纯粹美是从对象上面反思到自身的结构，也就是纯粹的态度下的想象力和知性能力相互之间的一种自由的协调活动。此外，当想象力和理性相协调时，就会产生崇高。当意蕴的崇高在主体调动内心的精神能力能够欣赏到时，人就与道德产生了互通，主体会对自然现象产生崇高敬重感。这时候，认识理性中的自然就与道德领域的敬重感相沟通，这种起桥梁作用的就是审美的崇高。通过审美，主体能够感受到自身的自由，通过崇高，主体感受到自己的道德性。认识崇高的过程形成了鉴赏力，主体自己通过对象获得的普遍的情感传达给别人，这是一种先天的主观的内心结构，当我们把这种鉴赏力通过现实的方式实现出来的时候，就形成了艺术。只有把鉴赏和艺术相互地交融在一起时，也就是无目的的合目的性当作艺术的目的，艺术就纯粹了，主体才能达到最高的美。因而，康德试图通过判断力批判把理论理性和实践理性沟通起来，而判断力批判最终也是主体能力的体现，人作为具有理性的存在者，“全部心意机能分为认识、情感和欲求三个方面，其分属于知性、判断力和理性的研究范围。知性因其合规律性，应用于自然；理性因其能在实践原理建构中实现自由而实存;而判断力则在目的与因果性的综合统一之中,超越于此,进而呈现出审美世界”①。因此,康德哲学体系中力图实现的那个人的认识能力如何,人的自由是什么,人的审美能力如何都是围绕“人”这个主题来展开的。

通过三大理性的发展,康德把“人性”置于“根基”的位置,构建了先验哲学体系,但是康德哲学体系的逻辑建构的致命缺陷在于现象界与物自体的划分,使主客观的统一不能够实现,即使是康德在判断力批判中所做的关于统一的审美努力也是无法实现的,因为这种纯粹主观的最高的美的标准,我们不能够实现,只可以一直追求它,靠近它,是缺乏客观性的尝试。

2.费希特的“绝对自我”与知识学的建构

费希特知识学体系的建构是沿着康德哲学体系已经暗示出来的逻辑思路而进行的对于主客观统一的尝试。康德哲学为费希特提供的最大启示在于思维的能动性,认识的客体是被认识的主体所建立起来的。那么,认识的主客体是否能达到统一,在康德哲学中物自体是最大的障碍,费希特就取消这个障碍,在自我之中不但建立知识的主体还要建立知识的客体,这就克服了仅仅把认识局限于现象界的缺陷,自我就是唯一的实体,知识的产生就是这个唯一实体的自身运动。

首先,体系的开端是自我性。费希特指出:“我的体系确立的就是这样一个点,作为我的体系的开端的也是这样一个点。这个

---

① 陆杰荣.高斯扬.论康德关于“人性”设定的内在环形结构及困境[J].辽宁大学学报(哲学社会科学版),2012(2):14-20.

点是自我性、理智力量和理性，或者人们可以随便把它叫作什么。”[①]自我性是自我进行认识的最根本的东西，“我发现我自己在感性世界里发挥效用。这是一切意识的开端，没有对于我的效用性的这种意识，就没有任何自我意识”[②]。因此，我的效用性不是外部给予我的，“而是必定存在于我自己之内的，我不能通过经验把握它，而是必须直接认识它，这就意味着，我本身是所发生的变化的最终根据。……意识的主体与效用性的本原是一个统一的整体”[③]。因此，这种具有自我性的自我实体的自身活动能够产生一切经验材料，这些经验材料已经不是康德那个物自体产生的，而是自我实体的自身活动所形成的，形成了整个客观世界。因此，费希特是在自我的本原行动的基础上建立的知识学体系，相比较于康德的逻辑进步点就在于把主客体统一于主体自身之内。如果说康德的哲学体系是从起点来证明终点(先验自我推出整个范畴体系)，那么费希特则认为哲学体系应该是循环的，那种需要被证明的起点只能是假设性的存在。那么，这个循环的知识体系就被一个假定的前提——“绝对自我”来统摄。于是，哲学的任务不再是对经验进行分析，而是正确表达主体的理性认识活动，是对于主体的“活动”形成客观知识和真正意义上的理性认识。因此，知识学是关于意识本身的科学，是将意识把握为一个“自我”，然后推演出意识的全部必然性规定。“既然循环论证是不可避免的，自由认准

---

① [德]费希特.费希特文集(第3卷)[M].梁志学译.北京:商务印书馆,2014:3.

② [德]费希特.费希特文集(第3卷)[M].梁志学译.北京:商务印书馆,2014:5.

③ [德]费希特.费希特文集(第3卷)[M].梁志学译.北京:商务印书馆,2014:6.

的，那么人们在建立最高原理时也就不妨使用普通逻辑的一切规律"[①]。同一律、矛盾律和充足理由律是形式逻辑的三大规律，这三大规律是在形式上的，而费希特从内容上对这三大规律进行理解。因此，费希特从形式逻辑的三大规律来引出知识学原理。

其次，体系的内容是由理论哲学与实践哲学所组成的。费希特指出："主观东西与客观东西首先是这样被看作统一的或和谐的：主观东西应该产生于客观东西，主观东西应该以客观东西为转移；这是认识方面，我们如何得出关于这样一种和谐的主张，是由理论哲学研究的。其次，两者是这样被看作和谐的：客观的东西应该产生于主观东西，存在应该产生于概念（目的概念）；这是活动方面；关于这样一种和谐的假定从何而来，是实践哲学要研究的。"[②]因此，费希特哲学体系是由理论哲学和实践哲学两部分组成的，理论理性是形成理论知识的基础，实践理性是形成实践知识的基础，二者被看作是一个统一的整体，也就是主体内从事认识的力量和主体内从事实践的现实力量的结合。当我需要获得知识时，可以分别通过二者得到，也就是我把在我之内的主观的、客观的东西区分开由此来获得关于我的认识，我之所以意识到自己是存在的，就是因为我有关于我的认识。全部理论哲学的依据就在于："主观东西应该由客观东西加以规定，客观东西不应该由主观东西加以规定的特定关系，则是产生于主观东西本身对客观东西本身的绝对业已被设定的关系。"[③]另一方面，自我所具有能动性是什么就是实

① ［德］费希特. 全部知识学的基础［M］. 王玖兴译. 北京：商务印书馆，1986:7.

② ［德］费希特. 费希特文集（第 3 卷）［M］. 梁志学译. 北京：商务印书馆，2014:4.

③ ［德］费希特. 费希特文集（第 3 卷）［M］. 梁志学译. 北京：商务印书馆，2014:10－11.

践哲学要回答的问题,其根据就在于:"客观东西仅仅是持续存在的,仅仅是现实存在的,并且始终保持原状。能动性在其行动的形式方面,仅仅为主观东西、理智力量本身所具有。……这时,我作为统一的和不可分割的自我应该是能动的,作用于客体的东西毫无疑问是我之内的客观东西,即真实存在的力量。"[①]因而,自我的实践力量也是自我所规定的,我就绝对的把自己设定为能动的我,"绝对活动是绝对直接属于我的属性"[②],也就是自由。因此,体系是由理论哲学和实践哲学的发展而构成的自我的统一性的整体。

最后,以"绝对自我"为根据的知识学体系的演绎。知识学体系的演绎"必须从这些先验要素之间的必然联系上通过逻辑演绎的方法一步一步地把它们都推演出来,包括所谓的物自体在内,而这就必须构成一个逻辑严密的哲学体系。知识学就是这样一个足以说明一切知识之基础的演绎体系"[③]。知识学为其他一切知识奠基的体系根据就在于意识的纯粹的活动,主体的这种纯粹的本原活动是能够达到主客体统一的根本规律。自我的独立性是整个体系的演绎中最为真纯的东西,在自我之外的经验的存在通过自我来显现,受自我设定并包含自我,自我在经验世界发展的每一个阶段都是整个体系的一个环节,是达到"绝对自我"的中介。最高原理"自我是自我"就成为了同一律和实体性范畴的根据,在这逻辑进程上实现了对于康德的超越。当自我设定了自我的同时,自我也就设定了非我,自我是一个原始存在于自身之中的认知结构,这

① [德]费希特.费希特文集(第3卷)[M].梁志学译.北京:商务印书馆,2014:11.

② [德]费希特.费希特文集(第3卷)[M].梁志学译.北京:商务印书馆,2014:12.

③ [德]费希特.全部知识学的基础[M].王玖兴译.北京:商务印书馆,1986:译者导言5.

个认知结构通过我们的意识活动能够证明它的存在。自我设定的同时，其实非我的表象世界或对象世界也自然被建立起来了。因此，一个能够被演绎方法证明的第三原理，“自我设定自我和非我相统一”就得出“自我在自我之中对设一个可分割的非我以与可分割的自我相对立”[①]。一切哲学都必须以这个结构为基底，一切知识要在这条原理之中展开，费希特的哲学体系从这个第三原理开始，演绎了他的整个知识体系。绝对自我在限制自身为对象的同时，又要去克服和超越这个对象，绝对自我中包含理论和实践两种意蕴，自我是从主观到客观的发展，理论理性阶段和实践理性阶段是绝对自我的不同发展阶段，最后回复到一个绝对自我。绝对自我通过认识世界(非我)，克服世界之后达到了绝对的自我。而当自我为了成为绝对自我而展开行动，当自我为了形成普遍的道德法则而使自我变得自觉和整个社会开始形成法制时，就是绝对自我的理想的显现，人就是这个法治社会的主体，人就是人类历史的创造者。费希特认为，从自我出发，我建立社会、建立法制，理想必须要有，这个理想不能证明，它只能通过信仰来设立，我们进入到世界历史中，去追求一个绝对自我的理想，那个理想就是上帝，要追求上帝。

因此，费希特哲学体系的逻辑进展克服了康德“物自体”的局限，其关键性在于理论理性和实践理性都出自于“绝对自我”。在之后的德国古典哲学发展中，无论是谢林，还是黑格尔，甚至是马克思都是在考察认知主体和认知客体的关系中来分析知识问题的。因此，费希特哲学体系的建构是德国古典哲学体系逻辑建构和发展中的一个关键环节。但费希特哲学体系建构的逻辑弊端也

---

① [德]费希特．全部知识学的基础[M]．王玖兴译．北京：商务印书馆，1986：28.

体现出来，一是主体所建构起来的客体并不是真正意义上的客体，因为这个客体就在自我之中，费希特在某种意义上是取消了客体，不可避免地陷入了唯我论。二是自我由于受到非我的限制而失去了能动性。尤其为避免陷入唯我论而把自我看成是普遍的活动时，这个自我反而失去了经验自我的支撑变成了一种无意识的绝对自我，那么自我与非我就成为了一个东西，这样，康德哲学试图解决主客统一的问题在费希特这里并未真正的实现，二者仅仅都是依靠主观上的主体理性来超拔了人性的理性能力，而未实现真正的主客逻辑一致。

3. 谢林的"绝对同一"与先验唯心主义体系的建构

谢林看到了费希特哲学体系的主观性的特点，试图建立一种具有客观性的哲学体系。谢林从超越主客观之上的"主客同一"也就是"绝对同一"出发来构建具有客观性的哲学体系。

首先，斯宾诺莎哲学思想对体系建构的启示。斯宾诺莎哲学从唯物主义中继承了同一性，从二元论那里承认了无限者，承认思维与存在的对立，建立了实在论的最高体系。因此，斯宾诺莎哲学体系像一个三角形，最顶端是实体，实体即自然、神。实体之下是思维和广延两种属性。谢林认为斯宾诺莎哲学中"灵魂是无限思维的一个样式或情状，正如身体是无限广延的一个样式或情状。但是，正如思维和广延这两个属性在与上帝相关联时是同一个东西，同样它们各自的样式也必然是同一个东西，必然相互契合"[①]。因此，在谢林哲学体系中也存在自然哲学和先验哲学两个部分，在与"绝对同一"相关联时是同一个东西，因此，同一性本身仍然是一

---

① [德]谢林．哲学与宗教[M]．先刚译．北京：北京大学出版社，2017：130.

个实在的东西。因为，“斯宾诺莎主义直观到了无限者、绝对普遍者，只有从这样一种完满的实在论出发，才能够超越一切实在的东西，在一个绝对观念中把无限者设定为一切主观东西和客观东西的绝对无差别”[①]。从谢林对于斯宾诺莎哲学的理解来看，其“同一哲学”体系借鉴了斯宾诺莎哲学那种实体与广延和思维两种属性的关系，谢林哲学体系实质上是一种映射状态的哲学体系，正如谢林自己所指出的：“在我打算说明这种同一性时，我必定已先把它扬弃。由于除了知识的那两个因素(作为说明的原理)之外我未得到任何东西，因此为了说明这种同一性，我就必须使其中一个因素先于另一因素，从其中一个因素出发，以便从这一因素达到另一因素；至于我从两个因素中哪一个出发，是不由课题来确定的。”[②]因此，无论是把客观的东西成为第一位的自然哲学，还是把主观的东西成为第一位的先验哲学都是同一哲学建立的环节，都映现着“绝对同一”的本质，是同一哲学体系的两个支柱，二者相互影响，相互促进才能够完成关于知识是客观同主观一致的问题的回答。

其次，体系建立的原则是“绝对同一”。谢林冲破了康德和费希特依靠主体理性的，使客观服从主观的哲学体系建构逻辑，看到了主客体之间的双向的决定关系。“一方面，客体决定主体，主观观念来源于客观对象，由此而产生出与对象相符合的科学知识；另一方面，主体又可以自由地、能动地决定客体，使客体与主体相符合，这就是人的实践活动、意志活动。这两个过程是相反的过程，也是缺一不可的过程，但关键是要找到这种双重转化、双重一致的

① [德]谢林.哲学与宗教[M].先刚译.北京：北京大学出版社，2017：132.

② [德]谢林.先验唯心论体系[M].梁志学，石泉译.北京：商务印书馆，1977：7.

共同根据”[①]。因此,谢林要找到这个“根据”,冲破费希特的“唯我论”,谢林看到了费希特哲学体系建立“根据”的绝对主观性,转而从客观出发来形成自己的哲学体系。为此,谢林设置了两种不同的情景,即:在理论活动中,表象必须与客体一致,主观要与客观相符合,以此来形成理论的真理认识。在实践活动中,客体必须与表象一致,客观要与主观相符合,以此来形成实践的确定性。也就是说,主客体都存在于它们的同一性之中,在其中,主客观的东西是完全无差别的。这种同一性就是绝对理性,而绝对理性的最高规律就是同一律,即:A=A。主客体在“无差别”中不是无法实现对立,而是存在着相对的和非本质的对立,因为主客观的差别只在于二者在量上的比例的多少,在质上是没有差别的,质就是那个“同一”。所以,“有限事物只是绝对同一的变形或样态,每一样态知识绝对同一的某种存在形式”[②]。“绝对同一”的不同存在形式就是“绝对同一”在量上的不同,也就是不同的“因次”,当主客观达到每一个“因次”时,都是主客观在量上的体现,或是主观多一些,或是客观多一些。这样,从“绝对同一”原则出发,同一哲学体系所建构的哲学应该包含两门基本科学,即:自然哲学和先验哲学。

最后,体系结构:同一哲学与自然哲学、先验哲学的关系。谢林通过“绝对同一”原则把自然哲学与先验哲学贯穿起来,以此来建构完成同一哲学体系。“同一哲学的任务,即在于不仅表明主观的世界内在地包含着客观性,主体同时是客体,而且首先要表明客观的世界内在地包含着主观性,客体同时是主体”[③]。因此,体系的

---

① 杨祖陶.德国古典哲学逻辑进程[M].武汉:武汉大学出版社,2003:25.

② 杨祖陶.德国古典哲学逻辑进程[M].武汉:武汉大学出版社,2003:153.

③ 舒远招.谢林早期哲学的原则和体系结构[J].益阳师专学报,2002(1):1—7.

一个方面就是自然哲学,即客体是主体。自然哲学就是“使客观的东西成为第一位的东西,从中引出主观的东西来”[①],以“绝对同一”的无意识的纯粹活动为基础的。自然哲学试图表明的是自然与人的理性是同一的,因此,一切自然现象和自然物统一的基础就是“绝对同一”。所有自然科学最后都要从自然出发达到的人的理性,自然科学的发展本身就是自然哲学。人类知识是从绝对同一(主客没分化之前)开始的,由重力—光—生命构成自然界的基础和本质。这三个原则是自然界物体所遵循的存在和发展原则,按照谢林的“因次”的基本规律,在量的差别中产生自然界的发展。在自然发展过程中,无意识的自我直观不断达到不同的“因次”,“对象自身按照一个寓于它自身内的原则持续地规定着它自己,因此这是一个按照内在法则而推进着的思想,它自己给予自己以内容”[②],那些自然界中的不同的事物和发展阶段归根结底都是理智直观的一种能力,是无意识的创造能力。由此看出,自然界哲学就是把自然作为一种理智来看待,理智就是精神,在自然界中,精神是沉睡的,自然就是精神的一种投射,自然也可以被称作绝对的一种显现方式,自然界的发展与自我意识本身的发展又是同一个过程。

体系的另一个方面就是先验哲学,即主体是客体。先验哲学就是“把主观的东西作为第一位的和绝对的东西,从主观的东西出发,使客观的东西从主观的东西里面产生出来”[③]。也就是说,自我

① [德]谢林.先验唯心论体系[M].梁志学,石泉译.北京:商务印书馆,1977:9.

② [德]谢林.近代哲学史[M].先刚译.北京:北京大学出版社,2016:143.

③ [德]谢林.先验唯心论体系[M].梁志学,石泉译.北京:商务印书馆,1977:9.

意识不仅仅是主观的东西，还具有客观内容。因此，先验哲学的对象就是自我意识，其任务就在于去证明自我意识同自然界具有同一性。主体即客体是在自我意识之内完成的，自我是一种既同一又综合的东西，自我即绝对，既不是客观的也不是主观的，既不是现象也不是事物，是纯粹的存在，既在时间和空间中又超越时间和空间，自我是以自身的活动为根据的。因此，绝对＝绝对这一最高原理就是一切知识的原理和基础。那么，先验哲学本身也就是自我意识发展的历史，主要包括理论、实践和艺术三个问题。其一，理论哲学以理论的自我为对象，其发展经历了感觉—创造直观—反思三个阶段，通过最后的反思，理智就摆脱了客观对象的束缚，认识到客观对象是自我产生的，因为主体客体的实在具有同一性。因此，理智就意识到本身是自由的，进而从理论自我转化为实践自我。其二，实践哲学以实践自我为对象，是自我意识有目的和有意识去实现和产生的世界。尤其当客观世界显现人的意识时，必然会产生一种自由和必然的对立，就是人在实践领域来反过来显现人的自我意识的发展阶段的问题。从人的自由必然的对立来引申出历史，因为历史的发展就是人的主体自由意志的发展，自由意志发展与历史发展相对应，国家是人的自由意志实现时挣扎在自由和必然之间的人类所创造出来的。其三，艺术哲学的任务就是要实现理论与实践的统一。在谢林先验哲学体系这个合题当中，艺术直观就是艺术哲学为我们认识和改造世界提供了的最有力的工具，它高于理智直观，因为艺术家通过把艺术创造出来，使主客观在作品中(客观)达到了一种统一，使理智直观所提供的那个理想能够在我们的现实生活中被我们直接地体验到。那么，绝对统一主客不分的状态，只有在艺术作品里面，我们才能够直接体会到。因此，美就是那种在艺术作品里有意识和无意识、主观和客观的统一,也是一种同一。我们不仅仅能够在艺术作品中欣赏到美的存在,绝对统一的达到,也可以通过人的有限性的存在的艺术去感悟和领会上帝的艺术,上帝就是绝对,是绝对的统一的最完满的状态,是最美的。

总之,谢林冲破了康德和费希特仅从主观能动性来说明主客体统一的逻辑视角,从客体说明主客统一的可能性,用客体的能动性揭示了主体,是哲学体系建构中的一次逻辑的转向。谢林建构的哲学体系形成了主客同一的一元论,在体系建构中进行了转折性的设计,在设计中第一次把自然界的能动性纳入到认识主体和认识客体的统一的讨论中。但是谢林的哲学里,从处于抽象状态的主体出发来开始构建体系,“绝对同一”是一个静态的同一,体系本身并不包含差别,即使是主体的主观理性和客观理性,它在同一上还完全是一个东西,黑格尔发现并从这个基础上开始超越谢林形成了辩证的哲学体系。

4.黑格尔的“辩证法”与思辨形而上学体系的建构

“哲学若没有体系,就不能成为科学。没有体系的哲学理论,只能表示个人主观的特殊心情,它的内容必定是带偶然性的。哲学的内容,只有作为全体中的有机环节,才能得到正确的证明,否则便只能是无根据的假设或个人主观的确信而已。”①黑格尔整个哲学体系设定为逻辑学—自然科学—人类社会发展的圆圈式运动,在这一过程中,没有任何一个部分是开端,都是作为成长成为真理的环节而存在,辩证法就是获得这个体系的完整性的根本方法。因为“就是这样一个圆圈,预悬它的终点为目的并以它的终点

---

① [德]黑格尔.小逻辑[M].贺麟译.上海:上海人民出版社,2009:71.

为起点,而且只当它实现了并达到了它的终点它才是现实的”[①]。因此,我们分别以逻辑学所提供的绝对理念,自然科学所提供的规律,人类社会所提供的精神哲学来对黑格尔思辨哲学体系的建构进行说明。

首先,绝对理念直观自然,就是绝对理念作为对自身的思或知的一种表现。自然就是由绝对理念对自身的思建立起来的,因为绝对理念虽然本身是概念的纯形式,但这种纯形式要去直观它的内容,作为它自己本身。其一,自然的存在并不是为自己而存在的自在之物,而是作为绝对理念的他在,体现绝对理念的精神。当绝对理念在进行每一个创造自然的思考时都是纯粹概念从思维向实存过渡的过程。绝对理念向自然的过渡,就是绝对理念对自身的思或知或直观,被思或知或直观的绝对理念在其自身的思中就成为了全体自然这一实存。即“直观着的理念就是自然”[②]。其二,自然界还属于辩证法的环节,自然界没有辩证法,是知性的。这里的自然本身,是作为上帝或绝对理念的对象的自然。因此,绝对理念要去直观自然界、人类社会中的内容,并把这些内容纳入自身,形成逻辑学的体系,而逻辑学作为黑格尔哲学体系的一个重要环节,自身是体系,又去构筑体系。就像黑格尔指出的绝对理念“自己本身就是内容,因为只有当它在观念里,它才把自己和自己区别开来。这样区别开来的两方面中的一个方面,就是一个自我同一性,但在这种自我同一性中却包含有形式的全体,作为诸规定内容的体系。这个内容就是逻辑体系”[③]。这个逻辑体系并不是空洞的体

① [德]黑格尔.精神现象学(上卷)[M].贺麟,王玖兴译.北京:商务印书馆,2017:13.

② [德]黑格尔.小逻辑[M].贺麟译.上海:上海人民出版社,2009:244.

③ [德]黑格尔.小逻辑[M].贺麟译.上海:上海人民出版社,2009:382.

系,它的全部的意义在于运动,绝对理念通过自身的运动,在自然界中演绎,宇宙的逻辑规定在自然中演绎出来,自然界带有经验的内容,自然界是逻辑规定的异化。因此,自然哲学里没有人的存在,自然界完成了自然界本身的规定,只有自然界的目的。其三,有机体或生命是绝对理念在自然界中丰富和发展,汲取其客观内容的过程。而这个有机体在黑格尔的体系中是具有鲜活意义的。自身能够维系自身生命运转的东西,要用理性去理解的丰富的有机体,这个有机体自身既包括差别对立也包括统一,这个有机体本身是自身内部充实着内容并且永恒流动的东西。这个永恒流动的东西就是不断地通过事物本身向我们展现真理的过程,因为哲学真理是最现实的东西,是事物不断地通过自身的运动向我们展开和呈现出存在于自身的可能性和丰富性。

其次,人类社会是自然界的高级形态,精神哲学是逻辑学在人类社会的演绎。逻辑学要经过自然哲学,才能到达人类社会的精神,用理性的方式演绎出来。因此,黑格尔哲学体系的另一个环节就是精神哲学,精神哲学是人类自我意识的发展的不同阶段的展现,绝对精神是精神哲学发展的最高阶段,也是人类社会发展的最高阶段,绝对精神发展的过程应该被理解为真理自己的生成过程,也是作为整体的真理在其结果之中被显示出来的实现过程,因此,绝对理念是“本质上是一个结果,它只有到终点才真正成为它之所以为它;而它的本性恰恰就在这里,因为按照它的本性,它是现实的东西、主体、或自我形成”①。因此,人类精神发展的最高结果就是绝对理念和绝对精神的内容合一,当绝对理念经过自然哲学包含客观性丰富了自身后,又开始运动到人类社会包含人的主体性

---

① [德]黑格尔.精神现象学(上卷)[M].贺麟,王玖兴译.北京:商务印书馆,2017:14.

于自身。人类社会所发展出的绝对精神，是哲学体系正反合题的最后合题，也就是作为这个体系运动过程的起点与终点的“绝对”，“本质上就是对人类教化的实现过程的反思的把握，是旧时代的最高成就与新时代的精神的显现”[①]。因此，绝对即精神。精神作为自然的目的，是潜存于自然界中的，这一潜存到一定阶段会发展为现实，这就促成了自然向精神的过渡，也体现了《自然哲学》向《精神哲学》的过渡。也就是自然概念推演出实存的精神。因此，由自然过渡到人类社会发展所形成的精神哲学是黑格尔哲学的重要的环节，黑格尔的精神概念含义包括主观、客观和绝对精神。精神是黑格尔哲学体系中普遍、特殊、个别的环节中的个别，也是绝对理念的自为存在的表现。黑格尔在这里探讨人类的意识、自我意识的发展，并且通过道德、伦理、国家使主观精神客观化到现实世界，是对于绝对理念的反思，同时也体现为上帝三位一体中的“圣灵”的存在。考察精神的形式、内容、本性和产物，就能够清晰看到黑格尔哲学的逻辑演化，正反合题，合题就在于精神的主观性包含了客观的内容，形式背后的内容就是理念，把形式不断地剥离掉，剩下纯粹内容本身，精神的纯粹就变成了绝对精神，绝对精神在内容上达到了绝对理念。绝对精神的达到，就是人的本性的最高的体现，也是人性与神性合一的表达，更是神性(绝对理念)的完成。

最后，绝对理念通过自身的发展又复归于自身。黑格尔明确提出：“理念的真正内容不是别的，只是我们前此曾经研究过的整个体系……绝对理念是普遍，但普遍并不是单纯是与特殊内容相对立的抽象形式，而是绝对形式，一切的规定和它所设定的全部充实的内容

---

① [德]黑格尔. 精神现象学(上卷)[M]. 贺麟，王玖兴译. 北京：商务印书馆，1979：7.

都要回复到这个绝对形式中。”[①]绝对理念就是经过整个体系的各个环节，又回归自身的过程，这个绝对理念是一种更加丰富的本身，是无限的、完满的、最高的。绝对理念“作为主观的和客观的理念的统一，就是理念的概念。……这概念是以理念本身作为对象，对概念说来，理念即是客体。……在这客体里，一切的规定都汇集在一起了。因此这种统一乃是绝对和全部的真理，自己思维着自身的理念，而且在这里甚至作为思维着的、作为逻辑的理念”[②]。同时，哲学要通过概念来认识宗教中的上帝，人可以通过概念来达到绝对精神，也可以通过概念来把握上帝，人性的主动性变成了上帝神性的绝对理念，这种转换是通过逻辑，通过历史，通过概念的发展来实现的。哲学史中的那些哲学家，每个人都是概念发展的一个环节，每一个哲学家所建立的自身哲学的核心范畴都是哲学史上一个大全体系的一种，也是整个哲学史的一个环节。哲学史的发展不是静止的，哲学家会被后来的哲学家所超越，哲学发展的过程是一个不断辩证否定的过程，最后归于绝对理念，归于上帝。与此相应，人的发展，人类历史发展也是不断地在自我意识的客观化中，在绝对精神每一次实现中不断地追求最高的绝对理念和上帝的过程。就此说来，“绝对理念或上帝内在于每一粒沙子中也不为过”[③]。绝对理念在表现为对于一切有限物肯定的同时，又存在着对于这些有限物的否定，因为这种既肯定又否定就体现了绝对理念的超越性和内在性，在自身内的肯定和否定，绝对精神的这种内在的超越性和绝对性在宗教中“被基督教的三位一体思想恰当地表现出来了”[④]。基督教的这种对于绝对理念的超越性和

① ［德］黑格尔. 小逻辑［M］. 贺麟译. 上海：上海人民出版社，2009：382.

② ［德］黑格尔. 小逻辑［M］. 贺麟译. 上海：上海人民出版社，2009：381.

③ 卿文光. 黑格尔《小逻辑》解说［M］. 北京：人民日报出版社，2017：38.

④ 卿文光. 黑格尔《小逻辑》解说［M］. 北京：人民日报出版社，2017：38.

内在性的表现，既区别于其他宗教对于上帝认识仅仅局限于超越性而忽视内在性的特点，又区别于近现代哲学对于绝对理念的认识仅仅局限于内在性而对于超越性认识不够的特点，是一种客观的超越的纯思。

黑格尔哲学体系是在总结和吸收德国古典哲学体系建构的经验的基础上，把历史的因素加入到整个体系中，“构筑了一种双重的转变过程，也就是说，上帝在它里面，上帝的理念以一种逻辑的方式(亦即在纯粹思维之内)先于一切现实性、自然界和时间，就达到了完满，在这种情况下，他所拥有的完满的上帝理念已经是一个逻辑的结果，但是他又希望随后再度拥有这个理念，只不过这次是作为一个贯穿了自然界和精神世界的实在的结果”[①]。因而，黑格尔哲学是逻辑学、本体论和认识论一致的体系，是德国古典哲学体系的逻辑建构孜孜以求的逻辑一致。

德国古典哲学形而上学的体系的逻辑建构非常明确，康德、费希特和谢林三者都试图通过寻找一个“根据”来建立一种哲学发展的体系，形成人类的知识，实现逻辑上主客观的一致。只不过三者都是试图通过线性的方式来构筑自己的体系，也就是寻找一个绝对的“根据”。而黑格尔构建的体系形成了圆圈式的哲学体系，将体系的开端、过程和终点都在体系发展的过程中实现出来，用终点证明了起点，围绕“神性”的根据来建立体系，体系的顶点绝对精神或上帝是最具有现实性的，每个人都能够反思到自身的神性。同时，从康德到黑格尔，德国古典哲学都在强调哲学是科学的，而科学就是要求逻辑，要求体系，逻辑体系是哲学成为“科学”，建立“根基”的必然选择。

---

① [德]谢林. 近代哲学史[M]. 先刚译. 北京：北京大学出版社，2016：176.

第三章
德国古典哲学形而上学“根基”发展的逻辑演进

德国古典哲学形而上学“根基”跃迁的逻辑演进，是“人性”根基得以建立和不断被超越的过程，从康德到黑格尔，德国古典哲学完成了形而上学“根基”的逻辑跃迁，是先验逻辑向思辨逻辑的跃迁，同时也在自由和历史观领域实现了重要的转变。这种转变是一个由有限性走向无限性，必然性走向自由，先验人性走向思辨神性的过程，是一个寻求真理的过程，这种真理知识的探索过程，伴随着人性维度的拓展和神性维度的达成。

一 “根基”本体的由人性向神性的形上迁移

康德形而上学发展的“人性”根基，使哲学的研究对象符合人，并对人的认识能力和自由进行思考。在费希特和谢林哲学中，超越康德，建立了“绝对自我”、“绝对同一”的形而上学发展根基，绝对本身是知识学的根基，二者的这种绝对哲学完成了一个从人到黑格尔精神的过渡。黑格尔循着这种路径，找到了主客统一的形而上学神性根基，即绝对精神。

1. 康德先验理性的人性根基

从古希腊哲学开始探讨世界的本原问题，以客观世界为对象来建构哲学，使哲学具有一种客观性的倾向。到近代以笛卡尔为代表的主观性哲学，开启了认识论的转向，使哲学开始思考人的理性，哲学的发展伴随着思维方式的转换和人类进步的诉求。在近代哲学思考的基础上，康德哲学开启了以德国古典哲学为代表的另一种哲学的转向，那就是在存在论的意义上寻求主观与客观的统一。以往形而上学，特别是休谟怀疑论使哲学的“根基”遭到了前所未有的怀疑，科学和整个人类的知识也遭到了怀疑。正是由于近代形而上学发生的“根基”危机，使康德认清了以往形而上学的问题所在，并转换了哲学思考的方向。康德哲学“人性根基”的意义就在于从主体出发，考察主体的认知结构，通过理性的审查，去发现主体的认识能力，使对象在主体的认知结构中实现主客体的统一，从而使人们在面对科学与理性的矛盾时更加主动地成为一个建构者，用哲学自身的思维方式来建构哲学。

一方面，康德从认识论出发，为知识划界，解决了知识的认识根据问题。康德从知性出发为知识确定真理逻辑，他指出：“向来人们都认为，我们的一切知识都必须依照对象；但是在这个假定下，想要通过概念先天地构成有关这些对象的东西以扩展我们的知识的一切尝试，都失败了。”[①]因此，康德就从判断出发，使对象依照于我们主观的认知结构。康德认为知识就是判断，科学就是先天综合判断，从而以主体的这种先天综合判断来建构以“先验统觉能力”为依据的知识存在方式。康德在现象界中建立了“绝对自我”，这个“绝对自我”是在先验领域的“先验自我”，具有先验理性。康德把客观“一分为二”，划分了现象界和物自体，把现象界归为主体，成为主体中主观的产物，运用主体中时空范畴去构成现象。一

① [德]康德. 纯粹理性批判[M]. 邓晓芒译. 杨祖陶校. 北京：人民出版社，2004：54－55.

方面，康德认为时间和空间都是我们主体的一种先天形式和先验的能力。这样，作为先天形式的时空既是有定的又是无定的，是主体的一种认识能力，可以运用这种能力去了解世界，观察表象，去认识我们的现象世界，当然也就不存在以往形式逻辑的时空有限和无限的争论的矛盾了。康德对于现象界和“物自体”进行了划分后，理性宇宙论的二律背反所提出的疑问就都可以解决了，因为，“要采取先验的观念论的方式，把这些东西都纳入到一种先验的观念中来讨论，自有概念也好，宇宙整体的概念也好，它都不是那种客观物质的概念，而只是我们主观中的一种观念。这个观念如果有它的作用的话，那它的作用不是在我们的经验世界之中，而是在物自体的领域里面，在道德实践的领域里面，可以发挥它的作用”[①]。这样，康德认为理性是幻相的逻辑，而辩证是消极的条件，不能形成关于物自体的知识，因为只有把表象作为逻辑的内容的先验逻辑才能构成主体存在的根基，先验的统觉能力是主体对于表象形成知识的根据所在，是存在论意义上的自我意识的主体能力的展现。因此，康德在现象界完成了主客观的统一。

另一方面，康德解决了以往科学思维方式的不彻底性，建立了属于哲学的思维方式——反思。反思的思维方式贯穿于德国古典哲学发展的始终，这种反思方式区别于科学的思维方式。科学的思维方式是对于表象的反复思考，而康德从“人性”根基出发所建立的思维方式是对于人的主体的认知结构的反思，以发现思维的静态结构，以此来认识人的先验理性，这种思维方式是哲学自身的思维方式，在于审查主体所建构起来的十二个范畴的有效性，以此来获得先验理性的存在。甚至，康德为了调和理论理性和实践理

① 邓晓芒.德国古典哲学讲演录[M].长沙：湖南文艺出版社，2017：164.

性的分裂状态而产生的一种人性的第三能力(审美理性)都是先验理性所规定的,也是在反思的思维方式下发现的对于理论理性和实践理性的协调能力。因为,“‘人为自然立法’的一些先验的原理,要靠判断力来完成”[①]。所以,判断力本身就是自上而下的能力,是首先具有那些先验的范畴,运用这些知性的范畴来判断经验事物的能力。反思判断力就是不受纯粹知性所给予的规律的制约的反思能力,人通过审美反思判断在主体中预设普遍性,从而产生共通感,形成了对于美的理性的知识。主体在崇高的分析中,超越了在审美分析中的知性合规律性,成为一种理性的合规律性,人的内心的力量和崇高性的理念完全战胜了世俗中的杂多之事,成为一种道德上的至高理性,使主体在道德上超越了世俗,这种崇高性正是根植于人的本性中,即“在趋向于对(实践的)理念的情感即道德情感的素质中有其根基”[②]。康德还把反思的思维方式运用在目的论判断力中,在目的论判断力的批判中,人性根基中先验理性更加凸显。人具有这样一种意志,那就是可以自由的自己设定目的,能够通过自身的理性来改造自然达到某种目的,而人所追求的终极目的在于自由,在自由中去寻找目的,人是自然界中的最高目的,人可以通过自身所具有的自由的特性去认识和追寻那些原因性的规律,并追求到这个世界中最高的目的也就是善本身。在这里,康德试图建构理论理性和实践理性的契合点,通过目的判断力这种形式来让先验理性得到存在论意义上的证明。因此,从康德开始建立的哲学自身的思维方式首先就是通过人的主体的认知结构来对知识的范围或者效率的有效性进行审查,并且试图以反思

---

① 邓晓芒.德国古典哲学讲演录[M].长沙:湖南文艺出版社,2017:201.

② [德]康德.判断力批判[M].邓晓芒译.杨祖陶校.北京:人民出版社,2010:105.

的能力的审美来达成理论与实践的统一,以此来构筑完善的人的先验理性的能力。

康德哲学先验理性所展现的三种理性能力根据都在于主体的认识结构的先天能力所规定的东西,都以“人性”为根基,人性是康德哲学的主题,“康德所有哲学著作都是这一主题的变体”[①]。因此,康德哲学构建的先验理性就是以“人性”为根基的理性。当然,康德哲学的局限性就在于留下了“物自体”这个不可知的东西,使康德哲学不能彻底地实现主观与客观的统一,因为一旦超出现象界的界限,人们的认识能力就不再具有绝对性,而是陷入不可避免的盲目之中,人的整体性受到质疑,人的认识内容与形式产生了二元分裂。因此,人在康德这里并不是动态的行动者,而是静态的反思。这也就为后来的费希特哲学留下了思考的空间,当哲学无法认识“物自体”时,人的认识能力只能被限制在经验领域,“先验的统觉”只是外在地综合了认识内容与认识形式,并没有从主体内部建立起真正的统一,正如费希特所指出的那样,“即使康德也没有提出批判的唯心主义以外的别的什么东西,他当时既不能也不愿意在他所达到的那个反思的水平上提出一个别的唯心主义”[②]。对此,费希特针对康德先验哲学的缺点展开了主体内部形式和内容统一的尝试。

2. 费希特和谢林的“绝对”对于康德人性根基的超越

费希特和谢林的“绝对”对于康德人性根基的超越体现在二者

---

① 参见 Lewis White Beck,“Was haben wir von Kant gelernt?”*Kant Studien*,Vol. 72,No. 1,1981,p. 9.

② [德]费希特. 全部知识学的基础[M]. 王玖兴译. 北京:商务印书馆,1986:106.

由存在论立场到知识论立场的转换。费希特是在康德哲学的基础上批判性发展了存在论立场，从而实现了主观领域“根基”的完成与终结，谢林则是转而从知识论立场来获得知识的有效性，从而展开哲学“根基”在客观领域的思考。因此，康德、费希特、谢林所代表的德国古典哲学形而上学的本性是一样的，因为他们都是从必然出发，去追问绝对自由、无限，包括上帝。但是在根基上，康德建立了人性根基，费希特将人性根基绝对化为“绝对自我”来构建自己的哲学体系，建立了一个行动的主体，行动的自我。

一方面，费希特取消了康德哲学“物自体”的存在，突破了二元论的局限。在康德看来，主体的认识活动和认识结果二者不作区分，认识活动只是分析的对象，从活动中提取出来认识的原始我，通过找到这个原始结构来说明认识如何发生，经验何以可能。物自体作为康德哲学的不可知领域，是感觉的来源，当物自体刺激我们感官时，就产生了感觉。这说明康德先验哲学所建立的“人性”根基是在主观领域，但是他并没有完全地抛弃客观世界，而是设置了物自体这个障碍。这样，人的认识能力被限定在了认识领域，人的自由是实践领域的道德自由。上帝、灵魂等超验的存在人是不能够去认识的，只有在物自体那里才能得到解决，康德甚至把它们“悬置”起来。费希特则认为这种悬置并不合理，因为当你不能认识物自体时，也就不能知道它的存在。当认识活动去整理感性杂多时，“活动”便让“杂多”成为了内在于主体的表象，这说明表象存在首先是因为“活动”的进行，因此，“活动”是主动的，表象是主体活动形成的，我们的感觉应该是主体自身建立的，物自体也应该是主体自身建立的，而本原的东西就应该是由主动的东西承担。这样，针对认识的活动和认识的结果何者为本原的问题，费希特突破康德的物自体障碍，认为认识的活动是最根本的，具有本原性的地位,因为只有认识的活动才会生成认识中一切其他要素。主体(自我意识)通过理性直观把握整个自我的发展过程,费希特推演的出发点是表达自我与非我的统一的第三原理,以此费希特得出:“绝对自身在自身之中设定一个可分割的自我与一个可分割的非我相对立。”[①]自我和非我都是在自我之中的,自我本身是不可分割的,是绝对的自我,是绝对实在性。同时,非我的世界在没有被设定之前也是一个实在性的世界,是一个“绝对的虚无”。而当自我的设定活动出现以来,则自我就被非我限制了,非我也被自我限制了,于是,“自我成为了可分割的自我,与一个被自我嵌入的非我对立起来,最终形成了一个在自我世界之中可分割的自我与可分割的非我对立”[②],一切知识都是在这个认知框架之中形成的。这样,一切哲学都必须以这个结构为基底,一切知识都必须在这条原理之中展开。而以上原理的要求在于,一切东西都应该与自我一致,一切现实都应该由自我设定起来。

另一方面,费希特在主观领域完成了“绝对自我”根基之上的纯粹的先验反思。费希特在哲学的思维方式上不同于康德,是纯粹的先验的反思方式,强调主观领域的绝对性。“自我如何行动以建立自己本身从而成为一切知识的基础,我们在日常经验里并不知道,而要靠我们通过对知识的思辨分析才能了解”[③]。虽然德国古典哲学自康德开始都强调“反思”,但是费希特哲学的建立是自我意识在先验领域纯粹的主观反思。费希特认同康德所认为的主

---

① [德]费希特. 全部知识学的基础[M]. 王玖兴译. 北京:商务印书馆,1986:7.

② [德]费希特. 全部知识学的基础[M]. 王玖兴译. 北京:商务印书馆,1986:8.

③ [德]费希特. 全部知识学的基础[M]. 王玖兴译. 北京:商务印书馆,1986:6.

体所具有的自我意识是能动性的体现,但是这种能动性并不是自由,并不是自由意志。费希特认为自由意志就是自由,是主体能动性的表现,主体应该是行动的自我。在康德那里的对立被费希特取消了,虽然现象界与物自体在表现上是不同的,但本质是一样的,都是主体的自我意识的原则。在费希特看来,无论是理论理性所形成的知识还是实践理性所形成的道德都应该是知识,而且都是实践活动,是一种行动。从这个自我的行动中可以推演出范畴,这就区别于康德把十二个范畴从形式逻辑中固定的搬入先验逻辑,如果说康德哲学是以主体的先验统觉能力展开的先验之网,这个网是有定点的网,网的范围是在认识领域,是向人类知识领域铺开的网。而费希特的自我意识概念则是行动的,可以推衍出范畴,是不定点的范畴。在这里,费希特超越康德,把康德开启的主体原则,完全的变成了主体的事情,在主观上达到了主体的最高状态,自我的行动是一种先验的行动能力,具有能动的本性,时空也成为一种知性的直观。这种在康德哲学中人不具有的能力,在费希特这里被赋予了,自我意识就是知性,知性直观就是由自我意识推衍出来的。那么,由自我意识推出的知性直观又反作用于自我,形成了自我意识的客观对象对于自我的作用,行动的自我意识是产生知识的最终的原因,是最高的东西,是不带有任何客观因素的绝对的主观,是不带有任何附加条件的东西,是一切知识的本原依据。所以,康德的“先验自我”就成为了“绝对自我”,人性根基的“先验根基”在这时已经转向了“绝对”。就这样,哲学的任务不再是对经验进行分析,而是正确表达主体的理性认识活动,是对于主体的“活动”形成客观知识和真正意义上的理性认识。既然一切都出自于“活动”,那么,对于“活动”的研究就是最高的哲学知识,即知识学。因此,知识学不是认识论,而是关于意识本身的科学,是将意识把握一个“自我”,然后推演出意识的全部必然性规定,这才是真正的哲学,是科学的科学,是知识学。“所以知识学实际上是一部意识发生史。自我的本原行动是一切知识的基本根据”[①],也正是因为所有的知识都来自于“绝对自我”,那么以往主客观领域的问题多可以被归结为主观领域的“绝对自我”的本原行动,是那种以哲学自身的思维方式所建立起来的纯粹先验反思才使得“根基”的“绝对性”被建立起来。这样,费希特就超越康德的反思方式,而进一步地通过哲学本身的思维方式来反思问题。

因此,费希特哲学“根基”的“绝对性”的建立,不仅意味着其哲学“根基”对于康德哲学人性根基的超越,同时也意味着“根基”在主观领域的终结。其一,费希特哲学体系表现为“绝对自我”的本原行动过程,自我到达实践理性的终点也就是回到了理论理性的起点的哲学发展过程,也是“由人性向神性的过渡的环节”[②]。所以,在德国古典哲学形而上学的发展的“根基”演进过程中,“费希特的理论有着双重的重要性:就其自身而言它是重要的,以及,在对后一康德的德国观念论的创造上,它是第一个也是绝对决定性的一个步骤”[③]。费希特把“物自体”看作是自我设立的,真正地把现象、物自体纳入了自我之中,是“绝对自我”,这个“绝对自我”决定了一切存在。费希特将主体性哲学发展到极致状态,以客体全部主观化的方式完成了主客统一。但问题是这个世界还有没有客观实在性?是否存在着主观之外的客观实在性?那个“绝对自我”

---

① [德]费希特.全部知识学的基础[M].王玖兴译.北京:商务印书馆,1986:6.

② 吴宏政.人学与神学:德国古典哲学中的两条致思路径[J].天津社会科学,2011(4):37-41.

③ [美]汤姆·罗克摩尔.黑格尔:之前和之后——黑格尔思想历史导论[M].柯小刚译.2005:39.

是缺乏客观的东西的“绝对自我”，因此，不能真正实现主观与客观的统一，因为要达到这样一种状态，就是在自然中可以体验到精神的东西，而精神之中的自然是并不可以看见的自然。哲学的思考应该是包括客观性在内的主客统一的思考，不应仅仅是无关客观的主观思考。其二，费希特哲学所建立的自我意识的最高原理即A＝A，是“我在”故“我思”，也就是“我在”是第一位的存在，而后才形成了“我思”这样的自我。那个“自我的本原行动是一切知识的基本根据”[①]，也是“我思”的前提。与康德一样，费希特在主观领域所建立起来的“绝对自我”也是存在论意义上的自我，所谓存在论意义上就是哲学的任务总是去试图寻找一个最高的本原性的存在，而在费希特这里，这个最高的原理不能去追问，只是一种假设，假设根基的存在，这个根基就是“绝对自我”。这样，费希特从主观上彻底地建构了人性根基，但这种假设的局限性就在于客观上经不起无限的追问，主观上其自身的主观性也不可避免地陷入了唯我论，其本质还是存在论意义上的寻找“绝对主体”的认识活动。费希特并没有把“绝对自我”所形成的知识看作是真理自身的逻辑知识，他认为绝对自我是构成真理的主观条件，而不是真理自身。谢林就试图突破这种存在论的限制，从知识论出发，来开始思考自我的理性。

德国古典哲学根基的发展到谢林这里转向了客观，由主体绝对中的“主客统一”转向客观绝对中的“主客同一”，即“绝对同一”。在谢林看来，“一切知识都以客观东西和主观东西的一致为基础。因为人们认识的只是真实的东西；而真理普遍认定是在于表象同

---

①　[德]费希特.全部知识学的基础[M].王玖兴译.北京：商务印书馆，1986：6.

其对象一致”[①]。因此,谢林哲学“根基”就是表象同其对象一致的“绝对同一”。这种“绝对同一”的超越性表现在:

第一,谢林从知识论立场出发展开了“根基”的构建。谢林所建立的哲学“根基”区别于康德在先验领域建立的“先验自我”和费希特在主观领域建立的“绝对自我”的存在论意义上的哲学根基。康德所强调的是先验自我的存在使得一切对象的存在具有意义,费希特哲学的最高原理 A=A,是我思=我在,那个我思就是先验自我,我在即经验自我。而谢林明确指出知识论意义上我思=我在不同于费希特的最高原理,因为知识不仅仅在我们有意识的阶段能够被感知,而且在无意识的阶段也要被感知,尤其是在无意识的自然界发展中,也需要知识的显现,那个“绝对”就是知识存在的界限,无论是无意识还是有意识都需要它内在其中,并被自然界和人类社会所显现。因而,我们的知识对象是“绝对”。因此,“先验哲学家并不过问在我们的知识之外可能会有我们知识的什么最终根据,而是只问在我们知识自身内我们不能超越的最终的东西是什么?他是在知识之内寻找知识的原理(所以这一原理本身是能够被认识到的某种东西)”[②]。所以,从知识论意义上来讲,作为“根基”的最高原理 A=A,即绝对=绝对。不需要再去寻找什么最高根据,而绝对=绝对就已经是所有知识得以可能的最终的根据,并且“真正的知识是以两个对立面的会合活动为前提的,而它们的会合活动只能是一种经过中介的会合活动”[③]。“因此,在我们的知识

① [德]谢林.先验唯心论体系[M].梁志学,石泉译.北京:商务印书馆,1976:6.

② [德]谢林.先验唯心论体系[M].梁志学,石泉译.北京:商务印书馆,1976:22.

③ [德]谢林.先验唯心论体系[M].梁志学,石泉译.北京:商务印书馆,1976:20.

活动中必定有某种普遍的中介，它就是知识的唯一根据”[①]，这个根据就是“绝对同一”。正如谢林自己所指出的那样：“把表象认作是以对象为准的同时又把对象认作是以表象为准”[②]。因为，“绝对同一”作为绝对理性是主体和客体的依据，因而主客体都不能各自独立的存在。这时候的理性是绝对的，因为“理性既不是主体，也不是客体，而是这两者的‘绝对无差别’，是根本排斥其对立和差别的，而主体和客体只有在这种理性里才能有真实的存在和真实的规定”[③]。就这样，谢林建立了一个超越康德和费希特的知识论意义上的最高根据，这个最高根据就是“绝对”，其原因就在于如果是康德与费希特那种存在论意义上的最高根据，要么会因为强调主观而陷入独断论，要么会因为强调客观而陷入无限追溯。这个“绝对”是在主客观之上的东西，既不是主观的、也不是客观的，而是二者的同一。

第二，“根基”所建立的最高原理必须具有真实性与体系性。一方面，谢林认为“根基”之所以超越以往的哲学“根基”其关键就在于知识必须具有实在性，而实在性的知识本身又是其他知识得以建立的根据，其他东西从这种真实的实在性中获得自身得以存在的意义。“我们的全部知识就都是由一些命题组成的，这些命题并非直接就是真实的，它们是从某种别的东西中获得它们的实在性的”[④]。因此，那种对立面的汇合就是谢林所寻求的真实的真知

① [德]谢林．先验唯心论体系[M]．梁志学，石泉译．北京：商务印书馆，1976：20．

② [德]谢林．先验唯心论体系[M]．梁志学，石泉译．北京：商务印书馆，1976：4．

③ 杨祖陶．德国古典哲学逻辑进程[M]．武汉：武汉大学出版社，2003：152．

④ [德]谢林．先验唯心论体系[M]．梁志学，石泉译．北京：商务印书馆，1976：20．

识,这种知识也只能是“绝对”。另一方面,谢林认为作为其哲学“根基”的最高原理必须是一个体系。“我们的知识应有一个体系,就是说,我们的知识应是一个自满自足相协调的整体,这也是当假设来看的”[①]。“既然任何真正的体系(如宇宙体系)都必定在它自身之内具有自己存在的根据,那么,如果存在着一个知识体系,这个体系的原理就必须存在于知识本身之内”[②]。因此,哲学知识的真实性需要体系性来保证,这个体系应该是有机的整体,做到自我完满、自我协调,是自洽的整体。体系的根据只能在体系内部,而不能在体系外部去寻找。谢林哲学的一个意义就在于使人们对于形上的追求从外部转为内部,因此费希特哲学所面对的问题就是主体之外的对象在哪里?知识如果全是主体的,会怎样对外在事物产生作用?谢林认为外在对象和进入主体的表象必须具有内在一致性,因此,最高原理的对象既不是主观也不是客观,而是“绝对”,是客观的自在绝对与主观中的自为绝对的汇合活动。因此,以往对于上帝追求的那种康德式的外部追问必然就会陷入独断论,上帝的追问应该从外部转为内部,那种将自我意识作为“存在”的哲学思维在谢林这里已经需要转变了,要把“绝对”作为知识的对象,而避免存在论意义上会产生的那种对于根据的不断追问,成为无休止的无限追溯。

第三,“根基”在“自我意识”发展中的超越。如果说所有先验哲学的对象都是自我意识,那么康德哲学的自我意识就是“先验自我”,先验自我是由感性直观与知性综合构成的,因此,自我意识也

---

① [德]谢林.先验唯心论体系[M].梁志学,石泉译.北京:商务印书馆,1976:20.

② [德]谢林.先验唯心论体系[M].梁志学,石泉译.北京:商务印书馆,1976:21.

就是自我本身。费希特的自我意识的最高原理是“我在”所以我思考。而谢林的自我意识是最高理性的存在根据，在自我意识中引出客观。谢林明确指出：“唯一实在的东西存在于自身本来既是原因又是结果的一个绝对之中，即存在于主体和客体的绝对同一之中，这种同一性我们称之为自然，而级次最高的同一性又正是自我意识。”[①]这样，谢林认为费希特的自我意识还不是终极的“根基”，而是次一级的“绝对”根基，这个根基的更高一级就是主客体的“绝对同一”，其原因就在于费希特的自我设立了一个“非我”，使“非我”作为统一的前提，但是这种前提的设定使得自我的运动成为有前提的自我，既然有了前提也就不是终极的绝对自我了，而是有条件的自我。那么，针对费希特哲学自我意识所面对的问题，谢林认为哲学的根据不在自然界之中，而是存在于经验之前，高于经验，在以理性为根基的自我意识之中，是通过自我意识进入主体之中的客观，即“绝对”。自我意识意识着“绝对”存在着，自我意识既把自己变成对象，又是主观的。二者的一致才能使知识具有实在性。自康德开始德国古典哲学所建立的哲学的思维方式，在谢林这里就是主体认识内容所包含的客观的内容。反思在这里就是自我意识以自身为对象进行的活动，同时自己既是思维的主体，又把自己变为客体。我思与我在在自我意识中汇合，汇合的点呈现绝对。因此，谢林全部哲学就可以表述为自我意识不断发展的历史，与费希特强调的本原活动不同，谢林的自我意识包含无限的客观世界，自我意识的发展“从最初级的自然中的自我直到最高级次的人的意识，从理论哲学直到实践哲学，从自然的合目的论直到艺术哲

---

① [德]谢林.先验唯心论体系[M].梁志学，石泉译.北京：商务印书馆，1977：23.

学”[1]。其追求的目的就在于使自我意识自身思维着，但自我意识同时也只是在“绝对同一”的自我中思维。

谢林哲学，在“绝对同一”“根基”之下的客观与主观，主观与客观的统一形成了双向的路径。就像黑格尔所说，“两个进程是很确定地表达出来了。一方面是把自然彻底地引导到主体，另一方面是把自我彻底地引导到客体”[2]。因此，谢林“绝对同一”使得主体不仅仅具有主观性，而且具有丰富的客观性，并包含客观性于自身，它不是费希特哲学中的“非我”限制自我的有条件的统一，而是同一中的统一，这也是谢林超越费希特的所在。黑格尔对此就评价到：“那最有意义的、或者从哲学来看唯一有意义的超出费希特哲学的工作，最后由谢林完成了。”[3]因此，谢林在主客统一的“根基”上超越了费希特的“唯我论”，形成了主客观之上“绝对同一”。这样，上帝在这里已经不是康德和费希特哲学中存在的外在追溯的本原，成为了一个内在的最高存在，虽然不可言说，但是存在，具有相当的神秘性。这样，当谢林突破了费希特的绝对主观性，达到了超越主客观的“绝对”时，就已经开启了向神的足迹，谢林的“绝对”已经是多了“神性”特征，只是不过它是一个静止不动的绝对同一(上帝)，而非自我发展的活的上帝。因为整个谢林的形而上学，是按照“绝对”自身客观化自身的不同级次组成的一个走向绝对同一哲学的结构，但是这个结构缺陷就在于是一种静态的直观，是主体自身对于自然界和自身的直观反思，也是主客观的无差别的绝

① 黄振地.“自我”的形上建构[D].博士学位论文，吉林大学，2007.

② [德]黑格尔.哲学史讲演录(第四卷)[M].贺麟，王太庆译.北京：商务印书馆，2013：358.

③ [德]黑格尔.哲学史讲演录(第四卷)[M].贺麟，王太庆译.北京：商务印书馆，2013：345.

对同一,这种无差别使绝对自我自身失去了活力,并没有实现对于自身的辩证反思。

3.黑格尔"绝对理念"的"神性"根基建构

黑格尔的"神性"根据是理念在自然界和人类理性中的自我完成。这种完成是按照自我发展的方式进行的,是辩证的自我否定、外化,在他物中呈现自身、发展自身和完善自身,从而区别于谢林的同一映现式的静态发展过程。黑格尔哲学"根基"上升为神性之后,改变了德国古典哲学的立场,从康德、费希特开始的存在论立场在经由谢林的知识论立场之后,被黑格尔还原为本体论,这样,黑格尔在本体论意义上建立的形而上学的"神性根基"改变了哲学,改变了思维方式,改变了世界观。

首先,"根基"是动态式的自我发展、自我丰富和自我完善的过程。绝对理念的获得是理念在自身之内动态式辩证发展的过程,通过外化为自然界和人类社会来获得自己丰富的内容,直至发展为不包括任何主观形式的纯粹客观内容。与谢林的静态的哲学体系相比,黑格尔的哲学体系的超越之处就在于其构成主观(人类社会、精神)—客观(自然界、物质)—理念(逻辑学)的动态体系,体系的发展就是理念的自我发展、自我完善和自我丰富。在体系中,自然界作为理念的外化,不能完成自身,因为理念看到机械运动—化合分解—有机体运动(人类)都离不开物质性的东西,因此,理念不能返回自身,必须向更高阶段的人类社会发展。理念在人类社会中发展就是精神的发展过程,精神越发展越是把形式剥离掉,是完全纯粹的内容,内容越丰富越向上,越接近理念自身,当形式全部剥离时就是绝对精神本身,也就回到了绝对理念。因此,黑格尔理念就是逻辑学,是事物内容的逻辑,从纯存在开始,一直到绝对理念,包含以前所有的内容,是自身展开的历史,以逻辑学的方式发展出来,这个发展过程就是逻辑的内容,也是理念的内容。哲学体系的开始是理念自己活动的产物,这种活动是动态的创造性活动,自己来实现自己,自己来产生自己,通过自然界和人类社会来获得自身的丰富和发展,人的主体性就在这种动态的创造活动中展开,是一种绝对的主体性的展示。“认识的过程以恢复那经过区别而丰富了的统一为其结果。由此就得出理念的第三个形式,即绝对理念。这就是逻辑发展过程的最末一个阶段,同时又表明其自身为真正的最初,并且只是通过自己本身而存在着”[①]。因此,区别于谢林知识论立场的主客观统一于“绝对同一”,作为黑格尔哲学“根基”的“绝对理念”本身就代表着认识论、逻辑学和本体论的统一,哲学所寻找的最高的对象需要通过理念对于自身的认识过程在逻辑学中展开和发展,概念最后所形成的最高样态就是既包括主观又包括客观,既包括自然又包括精神的丰富世界的统一体。概念最后达到了绝对理念这一最高本体,这个最高本体也就是上帝,因此,绝对理念这一“神性根基”得以建立,其哲学也完成了德国古典哲学知识论向本体论的转换。

其次,“根基”建立所遵循的是把自己作为对象思考自身的思维方式。黑格尔哲学根基建立所运用的反思方式就是把自己视为对象思考自身,即辩证的思维方式。虽然这种方式起源于谢林,但谢林仅仅是从主观反思到主观内容,而没有像黑格尔这样反思到客观内容。谢林的哲学用“同一”的方式完成了主客观的统一,“同一”于理性,这里的“同一”就是绝对,是“绝对同一”或“理性同一”,谢林所强调的这种“理性同一”是通过外在比较发展的同一,是差

---

① [德]黑格尔.小逻辑[M].贺麟译.上海:上海人民出版社,2009:366.

异,是一种思辨,是高于知性的一种理性。而黑格尔强调的“统一”是指的对立,即矛盾,是存在于同一个统一体中的双方。同时,谢林的“绝对同一”是最高的东西,既不是主观也不是客观,但既包括主观又包括客观,理解这个最高的东西要具有辩证的思维,即思维主观形式背后必然包含客观内容,但这个最高的东西是什么,谢林并没有给出,必须通过天才的直观才能够获得,要通过哲学素养的培养,通过自然界、人类社会两个世界才能够直观到绝对。黑格尔则明确指出体系最高的是理念,即事物自身的逻辑,需要通过逻辑,一步步来接近理念。“理念可以理解为理性(即哲学上真正意义上的理性),也可以理解为主体—客体;观念与实在,有限与无限,灵魂与肉体的统一;可以理解为具有现实性于其自身的可能性;或其本性只能设想为存在着的东西等等。因为理念包含有知性的一切关系在内,但是包含这些关系于它们的无限回复和自身同一之中”①。因此,谢林所谓的“绝对同一”,在黑格尔这里,理念就变成了逻辑学,是内容的逻辑,也是一种理念遵循事物自身运动的法则以自身为对象的认识过程,就像黑格尔自己所指出的那样:“哲学的方法既是分析的又是综合的,这倒并不是说对这两个有限认识方法的仅仅平列并用,或单纯交换使用,而是说哲学方法扬弃了并包含了这两个方法。因此在哲学方法的每一运动里所采取的态度,同时既是分析的又是综合的。哲学思维,就其仅仅接受它的对象、理念,听其自然,似乎只是静观对象或理念自身的运动和发展来说,可以说是采取的分析方法。这种方式下的哲学思考完全是被动的”②。所以,超越谢林哲学的直观的静态思维方式,黑格尔要建立辩证的思维方式,即自我意识从最小的情感出发,成长到内

---

① [德]黑格尔. 小逻辑[M]. 贺麟译. 上海:上海人民出版社,2009:364.

② [德]黑格尔. 小逻辑[M]. 贺麟译. 上海:上海人民出版社,2009:384.

容越来越丰富的自我意识，最后达到真正的绝对精神，内容丰富到没有任何主观形式的纯的理念，即绝对理念。在此意义上，黑格尔把谢林的辩证思维方式完成了。

最后，理念作为概念与客观性的绝对统一就是黑格尔形而上学“神性”根基构建的完成。理念是主体性和客体性的统一，也是自在自为的真理。“真理或理念作为主体性和客体性的统一，这里的主体性即是指已经实现其自身于客体性中的那种主体性，而客体性则是指其本身即是内在的目的性或本质的主体性的那种客体性，两者也都各是一个主客统一的全体”[①]。在这里，主体是统摄客体占主导的那一方，主体真实的意义就在于统摄客体于自身，当经历了生命—认识—绝对理念的发展过程，概念发展为绝对理念时，就已经在自身内完成了理论和实践、生命和认识的统一了。理念之前所经历的各个阶段中，仅仅是作为我们对象的理念，而理念是以自身为对象了。因此，黑格尔哲学中，概念是绝对的主体，是一个自我或纯粹的自我意识。概念不是别的，作为绝对精神(绝对理念)，它就是自己客体性本身。主体在达到绝对理念时，就是绝对的、无条件的、自由的。谢林就直接指出，黑格尔哲学中的上帝并不是一个纯粹的概念，而是“上帝”概念本身，概念就是上帝。“上帝无非就是概念，这个概念逐步转变为一个具有自我意识的理念，而作为一个具有自我意识的理念，它脱离自身走向自然界，然后又从自然界那里返回到自身之内，成为绝对精神”[②]。上帝与概念相同，也经历了一个发展的过程，上帝作为圣父，在创世之前，是一个纯粹的逻辑概念，这个概念消解为存在的各种纯粹范畴。但因为这个上帝的本质处在一个必然的演进过程之内，所以他必须启示

---

① 杨祖陶.黑格尔逻辑学中的主体性[J].哲学研究，1988(7)：24－33.

② [德]谢林.近代哲学史[M].先刚译.北京：北京大学出版社，2016：153.

自身,而上帝自身的这个启示或外化就是世界,就是作为圣子的上帝。然而上帝必然还得扬弃这个外化。上帝必须重新扬弃这个外化,扬弃这种对于他的纯粹的逻辑存在的否定,返回到自身之内,而这件事情是通过人类精神在艺术、宗教、并最终在哲学之内完满地发生的。因此人类精神同时也就是神圣精神(圣灵),这样一来,上帝才获得他的完满的自我意识。

因此,黑格尔“绝对理念”这一“神性”根基建构,使形而上学的“根基”由“人性”提升为了“神性”,概念的发展既是主体性被绝对建立的过程,也是上帝的“神性”和主体的“人性”合而为一的过程。这样,黑格尔不仅仅在“根基”的发展中使精神成为主体的基础,突破了康德的二元论。而且使现实世界的内容内在为概念的各个环节,从而超越了谢林根据神秘直观去获得真理的方式,而是把主体的发展纳入到绝对理念的自身的潜在关系,从而实现了主客观的统一,在思维方式上建立了辩证的思维方式,也完成了德国古典哲学存在论—知识论—本体论哲学立场的转换。德国古典哲学关于“根基”跃迁的逻辑本身既蕴含着思维方式的转换,也蕴含着哲学立场的转换,无论是费希特对于康德形上根基的超越,还是黑格尔对于谢林形上根基的超越,都是其哲学发展内在逻辑所必须面对的问题,也是德国古典哲学试图解决主客统一问题的不同回答方式。

二　“根基”跃迁中人性自由发展的演进逻辑

德国古典哲学形而上学的根基的演进是伴随着自由这一核心

问题而发展的。形而上学建构的“根基”本质就是自由。当自由存在于人性中就成为基于人性的自由，而发展过程就是由“人性”向“神性”不断突破的过程。从康德实践领域的先验自由到费希特的绝对自我的自由，再到谢林绝对同一的自由的实现，直到形而上学的一个至高点黑格尔绝对精神中的自由，自由作为人的本质特性的发展，是理性所达到的自我实现程度的体现，理性程度越高自由程度就越高，直到神性这一自由理想的最高理性表达。德国古典哲学的哲学家们关于哲学问题的思考，最后都归属到人的自由问题上，自由所呈现的意义也在不断丰富。

1. 康德实践理性中的先验自由

康德哲学以“人性”为根基，强调理性的“先验自我”为世界立法，主体的认知结构所统摄下的十二个范畴是形成知识的依据。康德哲学所建构的“人性根基”是自由何以可能的依据所在，那就是关于人类自身通过理性追求自由的实践法则，实践法则所依据的是“先验自我”的理性能力，自由问题是康德“人性根基”建立的核心问题，反映了主体的能动本性，因为自由问题是人最本质的问题，康德试图以人的目光审视世界。

首先，人的自由是存在论意义上的积极自由。“先验自我”作为康德哲学的“根基”是存在论意义上的，康德哲学从客观出发，使客观服从于主观，赋予了理性至高的地位。因此，自由就不再是以往那种必然的自由，那种以外部为其颁布法则的自由。而是建立在“人性根基”之上的“积极自由”，即将法则在自身中建立起来，并遵守理性为自身所颁布法则。康德认为自由一定会存在，自由的存在必定有其原因，例如，因果性的存在是由于因果性范畴的存在，虽然追问不到，但是相信有原因存在，这个原因就是人的先验认识结构和先验能力的存在。因此，自由也是有原因的东西，其原因就在于人的先验理性在认识领域悬置自由，把自由看作是一个先验概念，看作是人类存在所必须去追求的东西，在认识领域为实践领域的自由留有了余地，“给思辨理性保留下为它空出的位置，亦即理知的东西，以便把无条件者置放到那里”[①]。因此，这就使实践自由得以可能，也使得整个实践理性法则和道德法则得以可能。正如康德所说：“自由概念在这里获得了客观的、虽然只是实践的、但却是无可怀疑的实在性”[②]。虽然康德认为人所代表的是有限的自由存在，但也是可以实现的积极自由。就像康德自己指出的那样：“自由的概念，就其实在性通过实践理性的一条无可置疑的法则得到证明而言，如今构成了纯粹理性的恶、甚至思辨理性的一个体系的整个大厦的拱顶石”[③]。因此，自由是依据主体理性的实践法则。“一切通过自由而可能的东西都是实践的”[④]，需要人在行动中实现自由，运用理性去追求自由，按照主体自身颁布的道德法则去做事。不同于笛卡尔以来的理性主义所追求的必然角度的自由思考，在这里，康德所认为的人的自由是人拥有的道德意志，可以探寻自由本身的规律，道德律是自由的“认识理由”，而自由则是道德律的“存在理由”，也就是说自由是那种为了目的而不断去运用理性来获得自身行动的自由的东西。即“不使这个存在者屈从于

① ［德］康德．康德三大批判合集（注释版）（下卷）［M］．李秋零译．北京：中国人民大学出版社，2016：570．

② ［德］康德．康德三大批判合集（注释版）（下卷）［M］．李秋零译．北京：中国人民大学出版社，2016：570．

③ ［德］康德．康德三大批判合集（注释版）（下卷）［M］．李秋零译．北京：中国人民大学出版社，2016：531．

④ ［德］康德．实践理性批判［M］．邓晓芒译．杨祖陶校．北京：人民出版社，2003：608．

任何不按照某种从受动主体本身的意志中能够产生出来的法则而可能的意图"[①]。因此,这种自由是以人为目的的自由,是从主体内部生发出的理性的积极自由,在遵守理性法则的自我反思中不断地去获得关于自由的真实体验,是"人性根基"下客观服从于主观意志的存在论意义上的积极自由。

其次,"先验自我"的自由意志是自由的根据。康德哲学的"根基"与自由的关系是密不可分的。自由的依据就是"人性根基"的"先验自我","先验自我"所具备的自由意志是人类实现自由的根据,通过自我为自身颁布法则来获得自由。康德把自由概念做了一个区分,自由的任意和自由意志是有区别的,一方面,自由任意是"不依赖于感性冲动,也就是能通过仅由理性所提出来的动因来规定的任意"[②]。是人们虽然在运用自己的理性来展开行动,自由的设定目的,但是理性在行动的过程中只是被当作为达成目的而使用的工具来看待。因此,理性并不需要自身为自身立法,只要跟着目的走好,是依照目的的变化而变化的,因此,这种自由是依照经验的法则而变换的,"实践的自由可以通过经验来证明"[③]。可以通过不可预测的偶然的法则来进行的自由。由此可见,自由任意不需要人的自身的主动性或者是主导性的理性作为依据,还是以经验事物为根据,以感性为目标,把人的理性当作手段,把自由意志进行片段化的运用。相反,自由意志是人的理性的为自身建立法则,理性的运用把本身当作目的,"人就是自在的目的本身,亦即

---

① [德]康德.实践理性批判[M].邓晓芒译.杨祖陶校.北京:人民出版社,2003:119.

② [德]康德.纯粹理性批判[M].邓晓芒译.杨祖陶校.北京:人民出版社,2003:610.

③ [德]康德.纯粹理性批判[M].邓晓芒译.杨祖陶校.北京:人民出版社,2003:610.

他永远不能被某个人(甚至不能被上帝)单纯用作手段而不是在此同时又是目的,所以在我们的人格中的人性对我们本身必定是神圣的”[①]。因此,自由也必然依据主体自身的理性来获得,是纯粹理性的应用。人的理性是主体,是主导,是依据,它不受感性的需要。拥有自由意志的人是人格中人性自由的体现。他自己来决定自己的目的,运用自身的理性本身就是目的,自由意志就是理性的本身的一贯的运用。自由就是以自身为条件的,不需要考虑任何外在条件的、无条件的一种应当。因此,康德的自由是以自由意志为根据的“先验自由”,是在其哲学根基——“先验自我”基础上建立起来的积极的自由。

最后,真正自由就是有限自由与无限自由相通的自由自在。康德哲学中的自由,不仅仅包括关于人的有限自由,也包括关于上帝的无限自由。而获得无限自由,就是要把道德领域的自由提高为崇高与神圣,人们在道德领域追求自由的过程就是认识上帝,达到上帝的过程。康德在道德领域实现了人的自律,使人超越了知性而具备理性,在理性的基础上做出关于自身的选择,从而实现理性自身与现实世界的和解,越是接近道德的自我约束的法则的理想目标,自由就越是真实,因为“道德律是纯粹意志的唯一的规定根据”[②]。在康德看来,对于自由的追求本身在哲学中是要实现的最高问题,现实中,人们总是有达到“德福一致”的愿望,而这种关于愿望的理性的追求,就是人类自由的体现,即按照自己为自己颁布的法则去行动,去追求至善,不断地希望达到最高的自由状态。

---

① [德]康德.纯粹理性批判[M].邓晓芒译.杨祖陶校.北京:人民出版社,2003:180.

② [德]康德.实践理性批判[M].邓晓芒译.杨祖陶校.北京:人民出版社,2003:150.

这种希望，不是你去追求的目的，但是它可以给你带来希望，是完全处于自己的自律和自由意志才去做道德的事。对于康德来说，想要达到至善“就意味着整体，意味着完满的善，然而德行在其中始终作为条件而是至上的善，因为它不再具有超越于自己之上的任何条件，而幸福始终是这种东西，它虽然使占有它的人感到快适，但却并不单独就是绝对善的和从一切方面考虑都是善的，而是任何时候都以道德的合乎法则的行为作为前提条件的”[①]。因此，康德的道德领域所实现的自由是存在论哲学所具备的特质，即不断追问的结果，“爱上帝甚于一切和爱你的邻人如爱己”[②]，人们在追问自由的最高境界“德福一致”时，上帝就出现了，人获得了关于超验对象的认识，这时人的认识已经不仅仅存在于经验领域，在道德领域也获得了一种关于彼岸世界追求的希望，即无限的自由。

由上可知，康德的自由思想突破了以往西方理性主义哲学从必然来理解自由的局限，西方理性主义哲学认为万物皆必然，外部力量为其颁布法则。而康德则认为世界有两种自由存在，一是人所代表的有限的自由存在；二是上帝所代表的无限自由存在。康德认为的真正自由就是将法则在自身中建立起来，有限自由与无限自由相通的自由自在，是人性相通的统一，在道德里提高为崇高与神圣，人们在道德领域追求自由的过程就是认识上帝，达到上帝的过程，这就是康德实践理性中的先验自由所要达到的最本质的东西，也是其哲学“人性根基”的建立带给自由的深刻内涵。当然，康德的自由观就是存在于人的主观理性之中的，从而缺乏了现实

---

① [德]康德.实践理性批判[M].邓晓芒译.杨祖陶校.北京：人民出版社，2003：152.

② [德]康德.实践理性批判[M].邓晓芒译.杨祖陶校.北京：人民出版社，2003：113.

性。费希特针对康德先验哲学的缺点展开了主体内部形式和内容统一的尝试，开始了“绝对自我”根基上的自由的探索。

2. 费希特自我设定中的主体自由

费希特哲学根基是“绝对自我”，其哲学知识体系的形成都以这个“绝对自我”为根据，在其哲学根基展开的过程中，自由问题也随着根基变化发展。“我的整个哲学体系自始至终是分析自由的概念”①。因此，自由就是在“绝对自我”的本原行动中来实现的，最后由自我的运动所达到的那个绝对的主客观的统一，达到的自我的自由意志就是费希特所要追求的自由，绝对即自由。

首先，费希特的自由具有积极自由的含义。在一切知识来源的推演中，费希特认为要以第三原理为根据打造知识体系，因为第一原理是同一性的根据，第二原理是区别性的根据，定义就是第一原理（同一）与第二原理（区别）的相加。第三原理就是判断，分为正题判断、反题判断和合题判断。自由就是在正题判断中区分为积极自由和消极自由。积极自由就是按照“同一根据”的指向，找到一个自由之在，然后让人向着这个自由的在去努力。因此，费希特的自由就是积极自由。“实践自我为了继续其无限活动，力图不断地超越限制，这就是实践自我进行不断的努力”②。因而，努力实现行动的自由就是在自我的行动中赋予自我努力的意志。审美判断就是这样，当你说一个事物是美的时候时，就是说这个事物与美之间具有同一的东西存在，事物中有向美去存在的理想和努力，实

① [德]费希特. 全部知识学的基础[M]. 王玖兴译. 北京：商务印书馆，1986：12.

② [德]费希特. 全部知识学的基础[M]. 王玖兴译. 北京：商务印书馆，1986：13.

质上需要自身的努力,以自我为根据实现自由。消极自由就是以区别为根据,找到自由与必然的区别,然后定义自由是什么,这种意义上的自由就是康德所谓的自由。那么,费希特的积极自由意义在于:“作为伦理冲动的实践自我来说,自由不是既定的事实,而是盼望的目标。实践自我并非已经是自由的,而是应当是自由的,自由对它是一个应当,它自身是应当自由的意志”[①]。因而,这种应当自由与主体自身的主动性相呼应,是一种主体所产生的积极的自由。

其次,“费希特哲学体系的中心概念是自由意志”[②]。费希特的自由观念受到康德的很大的影响,继承了康德的道德领域的自由观念,认为自由应该是有责任的自律的自由。康德的道德领域的自由的实现其实质并没有摆脱自然因果律的制约,康德把自由限制在了实践领域,也就是在认识论领域终结了自由。费希特希望通过理性的自我实现来阐释自由,也就是积极的自由,而自由的原因在于自我努力,自我努力是克服自我的必然性,从而达到冲动与行动一致。因为在康德那里自由是理性的对象,康德把主体区分认识主体和实践主体,把自由归结为实践主体,其实质是在实践领域才能实现自由,认识领域不能拥有自由。但是费希特在自我的发展中要实现主体和客体的统一,要把康德哲学中现象和“物自体”的鸿沟填平,要把实践主体和认识主体都归结为绝对自我,换句话说归结为主体。费希特把自由分为三类:“先验的自由,即作为一切知识经验先决条件的绝对自我的行动自由;宇宙的自由,即

① [德]费希特.全部知识学的基础[M].王玖兴译.北京:商务印书馆,1986:14.

② [德]费希特.全部知识学的基础[M].王玖兴译.北京:商务印书馆,1986:12.

实践自我当作道德行为的最终目标来追求的那种自由意志；政治自由则是以伦理的实践自我的自由意志为基础的"[①]。因此，费希特的自由的根源就是费希特哲学的根基"绝对自我"，这时候的自我既包括主观的也包括客观的，"绝对自我"就是主客的统一，费希特把主体绝对化了。这样，费希特就把康德的主客二分都统摄在主体之下，利用在主体把主客的界限打开了。至此，自由问题就不仅仅是道德领域的问题，它是绝对的问题，是积极自由与消极自由两种自由的统一，是主客观统一中的自由问题。因此，费希特的自由就是绝对自我的实现。

最后，费希特的自由的实现。如果康德的自由是由先验的观念赋予的，也就是先验存在决定它的先验认识活动，那么费希特的自由就是由自我的行动赋予的，即活动决定存在，绝对自由的主体活动决定它的存在，自由的本质在于自由的行动。因此，费希特的实践哲学在本质上是"对人类自由何以可能以及自由到底是什么的思考"。费希特认为理性的自我实现是哲学的最高的信念，自由就是与人的自我实现有关的理论，是主体根据自身的理性并且以自身理性为目的的东西。因此，在费希特看来，如果自由是那种主体把自身的理性存在作为目的的东西，那么，主体首先就要意识到自己是拥有理性目的的自由的行动者，因为只有意识到了这种理性的目的，自由才能显现在自我的行动中，并且为自我的行动获得理性的指导。这时，自由的问题在费希特这里就成为了如何理解自我意识的基础，自我设定自身，设定非我，设定自我与非我对立的不断发展行动的过程的问题。当表象与表象寻找到同一根据，又在同一的基础上与其他表象不断地向上去寻找更高的根据时，

① ［德］费希特．全部知识学的基础［M］．王玖兴译．北京：商务印书馆，1986：14．

绝对自我就是所有表象的根据。而绝对自我又通过下移在每一个非我提供的概念中冲破限制为自己找到概念,就这样不断地克服非我对于自我的限制,直至最后自由的出现。所以,费希特的自由的实现也是整个知识学的发展过程,那种从表象到绝对自我的理论基础和那种从绝对自我到自由的实践过程,是自我本原活动所进行的自身努力,是自由的最终实现。所以,费希特完成从康德主客二分的主体还原成一元的主体的任务,自由就是绝对,要在主客的统一中寻找自由,建立自由,由绝对自我所产生的知识学就是自由所产生的必然的知识。人的主体的自由在费希特这里得到完善,人不仅仅在实践领域,在认识领域同样可以实现自由。

费希特哲学中的自由所呈现出的最高原则是"绝对自我",也就是自我的自由性,这种自由是不涉及任何外在因素的独立的限定于主体自身内的自由。被限定在主体中的自由是自我意识的绝对化,是绝对的主观自由,失去了客观的意义,这种客观的自由就出现在了谢林的关于自由的思想中。谢林从作为客体的自然出发,以主客体的"绝对同一"为根基,用自然哲学与先验哲学来充实自由,以此来消除费希特的自由中所具有的主观性局限。

3. 谢林"艺术直观"中超验自由

谢林哲学的根基就是"绝对同一",这个"绝对同一"是一种既包含主观又包含客观,既不是主观又不是客观的存在,需要天才的直观才能够获得绝对,正是这种哲学根基的转换使得谢林的自由观也不同于以往。谢林的自由观念是一种超验的自由,这种超验的自由最后是在艺术的直观中获得的,通过艺术的直观能够感悟到上帝,这种对于神性的艺术的感悟,是谢林所追求的超验的自由。

首先,超验自由是一种寻求实体性与客观性相结合的过程。谢林的自由观与其哲学“根基”的转换是一致的。谢林明确指出:“这一哲学的开端和归宿是自由,是绝对不能加以证明的东西,这种东西只能由它自身来证明”①。当费希特批判斯宾诺莎哲学客观性,将自由的根基建立在主观绝对之上,谢林则从斯宾诺莎出发,将自由的存在方式由费希特的绝对自我转为了主客体的绝对同一。所以,“现在的要求是把这消亡在讽刺和任意性里的主观性、无限的形式从它的片面性里解救出来,以便与客观性、实体性相结合”②。“我们看见这个观点在谢林的哲学里出现了”③。也就算是说,谢林利用斯宾诺莎的实体思想,把实体所具有的同一性作为贯通主客观的桥梁,以主客体的“绝对同一”为根基,从自然哲学出发,使意识的发展和客观世界的发展相互纠缠,发展为“绝对同一”的自由,使自由注入了自然和历史的因素,这种客观性注入自由的背后就是“根基”被注入客观性的必然结果。

其次,自我意识的发展决定自由的发展。谢林哲学根基的建立最重要的就是从自我意识出发找到主观的绝对,那么,自由就是绝对,因此,自我意识的发展决定了自由的实现。谢林认为自由的发展就是人类自我意识觉醒的程度的进展,在古希腊阶段,自由的意识可以被归纳为一种任意的自由。相应的,人的自我意识在那一个时期是任意的,历史发展处在一个低级的阶段,是神话、英雄的时代。在中世纪阶段,自我意识不再是任意的,而是一种受到压

① [德]谢林.先验唯心论体系[M].梁志学,石泉译.北京:商务印书馆,2012:45.

② [德]黑格尔.哲学史讲演录(第四卷)[M].贺麟,王太庆译.北京:商务印书馆,2013:348.

③ [德]黑格尔.哲学史讲演录(第四卷)[M].贺麟,王太庆译.北京:商务印书馆,2013:348.

抑的自我意识,这种压抑来自于上帝、君主。自由就是那种在信仰中的上帝,但是这种自由具有明显的必然性,是一种强制的自由。因为自由在这个时期是被决定的,必然的自由。在近代,法制社会被建立,自由已经不是那种被决定的强制自由,而是由自由建立起来的有个人的人权、法权所决定的自由,是一种自由的必然。这种自由的必然所建立的法制社会要高于康德所建立的道德社会,区别于主观的自由、个人的自律,因为这是在现实世界所建立的自由,是群体的自由,这种自由更加普遍,更加客观。当然,这种自由的设想是费希特给予人类社会的一个自由的理想,或是自由的愿景,谢林希望通过哲学家的理智直观来设定整个社会的自由的理想,但是这个理想如何去实现,谢林并没有提供什么现实的做法。但是,他试图从艺术哲学领域去探寻真正的主客统一的自由,并且付诸于实际行动。比哲学家的理智直观更高的东西就是艺术的直观,当主体投身于艺术创作中,或者是艺术欣赏中时,主观的理想和客观的实际,意识的主体和无意识的存在就能够达到一种绝对的同一。这时人就能够获得一种超验的自由,在谢林这里艺术中的超验自由是人能够达到的绝对自由。

最后,理性自由体系的建立。谢林与康德关于自由看法区别的一个重要方面就是,康德认为的自由是一种至善的能力,而谢林的自由是存在着一种必然,自由应该是确定的,这种确定性的根据是人的理性,并不是非理性。“对于在自由的个体行为中的决定因素的不知不能推出它的不存在”[①]。与非理性的偶然性相对的必然性是从内在的本质生发出来的,因此,谢林试图建立一个理性自由的体系。这个体系中,“必然和自由相互内在,并作为一个本质,只

---

① [德]谢林.人类自由的本质及其相关对象的哲学研究[M].邓安庆译.北京:商务印书馆,2008:98.

是从各种不同的方面来看，这个同一的本质才表现为这一个和另一个，自在的自由，形式上就是必然”[①]。这样，人的行为是由自由内在的本质的必然性决定的。这种同一的本质是先于一切存在和认知的，是一切的根据，本质的两个不同方面就是自由和必然，自由就在于遵循必然性。因此，谢林认为人的行动在创始之前就开始了。人是一种被决定的东西，自由必须包含必然，“那个内在的必然性恰恰是自由本身；从本质上说，人的体质就是他自己的行动。”[②]。人的本质是一种行动的自由，或是一种本质的力，人的本质如果是力，那么就会体现出来的一种趋向，趋向善，而恶是趋向善的对立面，在与善的对立中获得自我意识的存在。因此，自由的追求需要人或神充当主体的助推，人是拥有善的本质的个体，在与恶的对抗中，发生根本性转变，回归善的本源，实现神的自由，当光明原则超越黑暗原则，人形成善，获得自由。当黑暗原则战胜光明原则，人则远离自由，形成对立。上帝在这种对立中被需要，因此，上帝的启示产生了。上帝改造恶的原则，使恶转而向善，上帝建立了善和恶的统一，真正的自由在于与神圣的必然性的一致。上帝是一个有意识的自由的从自身启示着自身的存在者。伦理上的上帝通过现实的恶来为自己辩护，上帝所拥有的爱的意志才真正是自由的、有意识的。同样，人也具有爱的意志，因此，上帝在这里是人性的表达。上帝的自我启示是自由的，因为上帝在启示自我时必然与自我之外的意志去对抗，对抗中主导性的力量来自上帝爱的意志时，其行为体现上就是自由的。当然，上帝也没法不让恶不

① ［德］谢林．人类自由的本质及其相关对象的哲学研究［M］．邓安庆译．北京：商务印书馆，2008：101．

② ［德］谢林．人类自由的本质及其相关对象的哲学研究［M］．邓安庆译．北京：商务印书馆，2008：101．

存在,也不会在行为中作任意的选择,因为如果作出选择的任意自由就不是真正的自由,如果上帝取消了恶 ,他也就取消了自身。上帝作为人格性的主体必须具有善和恶,因为恶只有在有生命的上帝之中才能得到说明,那是因为,恶的作用不在于显示恶自身,而是在于显示作为恶的那个背后的生命体的存在,激发起生命。"因为上帝是一种生命,而不只是一种体系"[①]。所以,上帝必须要启示自身,不能因为消灭恶而不启示自身,那样上帝将失去自己的辩护者,如果失去恶,那么上帝的善也就不存在了,因为二者是相互依赖而存在的,理想原则和实在原则都是上帝统一行为下的原则,上帝启示是伦理上的必然行为。

谢林哲学的自由,也就是其整个哲学的最高点,是那种绝对同一,这种绝对同一不是相同的本质在两个对立中形成两个本质,上帝作为人格性的自由存在于理想和实在分化之前,因此,理想原则和实在原则是在事实意义上的对立,因为原初的对立会有恶存在,而善才是具有真实性的存在。由于上帝囊括了人自身,人借助上帝的能力就具备了自由的能力,当人具有了自然界所没有的自由能力后,再超拔于万物而回到上帝。"如果在一个体系中理性能够显示地认识自己,那么这个理性体系必将把精神以及内心的所有要求连同道德情感以及最严格的理智的所有要求全部统一起来"[②]。这是谢林想要去建立的体系,因为"在其他一切体系里使自由有濒于毁灭危险的东西,在这一体系里却是从自由本身推演出

---

① [德]谢林.人类自由的本质及其相关对象的哲学研究[M].邓安庆译.北京:商务印书馆,2008:117.

② [德]谢林.人类自由的本质及其相关对象的哲学研究[M].邓安庆译.北京:商务印书馆,2008:134.

来的。在这一体系里，存在只是被扬弃了的自由”①。因此，自由就是体系本身，谢林最后的自由的实现只能在艺术直观中。上帝的启示是谢林对自由的最后的期望，并不能付诸实践。在这种意义上，艺术领域中谢林达到的主客观的自由已经是客观领域最高的绝对自由，是上帝所包括的“同一”，也是人类理性发展的无差别的同一。因而上帝所代表的“绝对同一”既是必然又是自由，是谢林哲学的“根基”所在，自由也不再是费希特哲学中的“绝对自我”，而是具有“绝对同一”的上帝，因此，谢林关于自由问题的思考，已经使形而上学从“人性根基”开始向“神性根基”提升。

谢林哲学克服了费希特绝对自我的主观限制，用绝对同一的“根基”代替了费希特的绝对自我的“根基”。根基的转化使得自由的根据发生了变化，这种也就是从主体的绝对转为了主客体同一性的绝对。谢林的自由超越性的走出了主观领域，走进客观领域，使自由和必然统一了起来，也使得主客观统一了起来。但是，这种统一还不是真正的辩证统一，因为他没有论证出这种统一的具体过程，缺少了一个辩证逻辑中的演进过程，自由就成为了在同一性的框架下一种被设定为静止的自由。谢林哲学最后被归于“不得不依赖于某种神秘的直接体验和静观了悟，依赖于那只有主观心知，而无外在确证的个人天才和灵感了”②。当然，虽然费希特和谢林的自由都有各自的片面性，但费希特所建立的绝对自我的自由、谢林建立的绝对同一自由所蕴含的能动性、辩证性、主客统一的努力的思想为黑格尔哲学提供了理论条件，在从康德的先验自由通

① ［德］谢林．先验唯心论体系［M］．梁志学，石泉译．北京：商务印书馆，2012：45．

② 杨祖陶．德国古典哲学逻辑进程（修订版）［M］．武汉：武汉大学出版社，2003：187．

往黑格尔辩证思维自由的路上,成为了不可或缺的环节。

4. 黑格尔“绝对精神”自我实现中的理性自由

黑格尔认为自由就是绝对精神,因为理念是自由的逻辑规定,而绝对精神才是自由的现实内容。自由的开端就是绝对,自由的发展就是绝对理念在自然界和人类社会的展开,自由在自然界和人类社会展开后又回到绝对理念,也就是绝对自由本身,自由就是通过自身,展开于自身,又回归于自身的实现过程,这一整个过程被黑格尔看作自由实现自身的方式。黑格尔的自由的根基不同于费希特的自由的根基,费希特把自由建立在自我的主观的绝对运动当中,而黑格尔和谢林一样把自由的根基建立在客观性之上,也就是建立在绝对的同一之上。但是黑格尔又区别于谢林,认为主客的绝对同一应该包含差别,宇宙的精神里面不应该只有静止的主观和客观,而是一种运动的主观和客观。在这里,黑格尔对于谢林是一种超越,作为同时代的二人来讲,互相批判并借助于对方的哲学思想进而提升自己的哲学思维是一种哲学本身力量的显现。黑格尔就是运用这种自由的展开自身的运动解释了万事万物的产生和发展,自由的发展仰仗的是人类的理性,这个理性是从康德开始的,去运用理性探寻人的生存的本质、人的自由的获得问题的理性,经由费希特、谢林到黑格尔不断发展的理性。

黑格尔的理性获得自由的方式就是辩证逻辑,这个逻辑既不同于康德、费希特的先验逻辑,也不同于谢林的数学逻辑,是从质的方面去把握自然、人类社会和历史的发展。当然,黑格尔并没有否认谢林哲学中的非理性的东西,而是把非理性纳入到了理性的体系中,由理性贯穿着主体的发展,从逻辑学、自然哲学到精神哲学,自由运用理性实现自身的发展最终达到绝对自由,就是黑格尔所谓的自由。当然，在自由问题上，黑格尔最核心的问题是处理自由与必然的关系。这也是自康德以来的哲学家们在探讨自由问题时无法回避的问题。康德在理论理性的哲学阐释中，划分了现象界和“物自体”的界限，物自体是一个不可知但是可以思考的东西，这种对于物自体的思想直接导致了自然与自由分裂，自由属于实践理性领域，并不是人的认识能力能够达到的。费希特在绝对自我的基础上实现了主观的自然和自由的统一，谢林在绝对同一基础上实现了客观的自然和自由的统一。如果说康德的自然仅仅是知性领域的自然，那么，黑格尔的自然就是理性领域的自然，自由是自然的根据。自由的辩证运动就克服了必然性，使自由成为自由的必然，黑格尔的逻辑学从存在论开始，经过本质论，最后到概念论的演进过程就是概念作为必然性成为自由的过程。因此，必然和自由在概念的辩证运动中就统一在了一起，自由外化为自然，自由外化为人类社会，既克服了主观性的自由缺点，又在发展中赋予自由客观性，这是一个由主观开始，经由客观并包含客观于自身内，最后达到主客观统一的自由的概念体系，成为了绝对精神。

黑格尔在其哲学体系上构筑了一个圆圈式的运动，“从绝对出发解决了在康德那里自然与自由分裂，实现了自然与自由的统一，实现自由的客观真实性”①。这个圆圈式的运动就是概念的辩证运动。就其必然性上，每一个概念与其他概念都是相互规定的。在其自由性上，自由不是这些概念的衍生品，而是作为一种内在的精神动力贯穿于整个概念体系中，推动整个体系不断运动。因而，环节的必然性和全体的自由性在逻辑中是一体化的，这个概念的体系就是自由的体系。自由精神贯穿于自然、人类社会和历史发展

① 谷萧.德国古典哲学积极自由思想研究[D].博士学位论文，辽宁大学，2017.

的始终，自然是自由的外化，“自为的理念按照它同它自己的统一性来看，就是直观，而直观着的理念就是自然”[①]。因此，自然是自由精神中的自然，自然是沉睡着的精神，自由亦是苏醒着的自然。自由在自然中的这种状态使自然和精神产生对立，但是这种对立不是一种外在的或者异己的对立，而是精神对自己的辩证否定，是返回自身的必然环节。自由贯穿于自然是一种实实在在的目的论，“真正的目的论的考察在于把自然看作在其特有的生命活动内是自由的”[②]。因此，人类社会是自由发展不同阶段自我意识的显现。不同国家的形成是自由的表现，不同国家在历史发展中的阶段性是自由在历史中的展开，自由在黑格尔的历史哲学中展开为不同的民族的精神的实现过程，自由在某个国家的发展仅仅是自由的一个阶段，而不是那种完满的自由，因为历史本身就是具有有限性的历史，自由要处于一种无限的发展状态中，历史中的外在局限性使得自由不能够决定自己的发展，自由就要走出历史进入到绝对理念，也就是绝对的自由中，这个绝对自由的就是那种包括艺术、宗教和哲学诸形式的绝对精神，自由在这里才能够真正的实现自身。

总而言之，从康德以“先验自我”为“根基”的实践理性中的道德自由，即人按照自身颁布的法则去行动；再到费希特的绝对自由的主体活动决定它的存在，自由的本质在于自由的行动，这是以“绝对自我”为根基的自由；再到谢林以“绝对同一”为“根基”形成的超验自由，最后到黑格尔的自由即绝对精神。德国古典哲学根基的转换必然伴随着自由观的转换，自由观都是建立在各自哲学“根基”基础上的现实理想，同时，各自的自由观念也促使哲学“根

---

① [德]黑格尔. 小逻辑[M]. 贺麟译. 北京：商务印书馆，1981：427.

② [德]黑格尔. 自然哲学[M]. 梁志学，薛华译. 北京：商务印书馆，1980：18.

基”得以真正建立,因为形而上学的根本问题就在于人的问题,而人归根到底都要去追寻自由的存在,从以“人性”为根基的道德自由直到自由是绝对精神在概念中达到了不需要任何外在条件的,只是自身思维着自身的,按照自身所颁布的法则去行动的绝对自由。绝对精神的获得就是自由作为从“人性”根基跃迁到“神性”根基而实现的本体化的完成,是最完满的自由,也是宇宙中最真实的自由。它不但是康德以来,以人性为根基的形而上学所倡导的自由完成,也是理性自由获得最高的地位的体现,因为理性自由在这时取代了宗教自由,真正实现了上帝所具有绝对自由,使形而上学“神性根基”得到完满的诠释。

三　“根基”跃迁中历史观的演进逻辑

德国古典哲学的形而上学“根基”的跃迁的一大贡献就在于把历史的因素纳入形而上学考察的范围,历史观是形而上学“根基”建构的一个重要的组成部分,它体现了形而上学的现实领域的实现程度。形而上学“根基”的转换必然导致历史观的转变。具体表现为康德反思判断力中的历史观、费希特理性王国中的历史观、谢林“先验演绎”的理性历史观和黑格尔“绝对精神”中的辩证历史观。

1.康德反思判断力中的“世界历史”观

康德哲学的“根基”就在于“先验自我”,人的先验理性所构建的十二个范畴是形成知识的根据,康德哲学超越经验论和唯理论之处就在于从人的角度出发,强调客观符合主观,对象符合人,确立了人的主体地位,实现了哲学思维方式的变革,确立了哲学自身的思维方式:反思,即自我意识发现自我意识。因此,哲学思维方式的变革引起了历史观的变革,历史的发展在康德看来是一种由特殊的发展史总结概括出的普遍规律,还不能成为一种知识,只是好像是一种知识,是一种反思,是人们在杂多的历史事件中产生的反思,目的在于达到关于客体知识的有关客体的反思方式。

首先,先天的因素不能确保历史的客观性。康德之前的旧形而上学并不能为知识、经验科学提供具有普遍必然性的保证。因此,思维要么成为了纯粹的推理,要么成为了经验的流变的依附对象。但是真理知识在康德看来并不是纯粹抽象的思辨,而是与经验相关的先验理性的思维方式。因此,知识的获得既离不开经验质料,也离不开先验自我的认知结构。但是,历史知识的存在并不是康德先验自我的认知结构为其提供确证性,而是仅仅存在于反思的主观意义上。究其原因,一方面,历史事件本身具有不稳定和不确证性,并不像数学和自然科学发生的必然时空形式,由于伴随着个体的感知经验,历史概念并不是一般的经验概念;另一方面,人们对于历史的认识也具有某些价值取向,这种取向是世界观层面的个体思考。因此,先天因素在形成历史观念时的条件(感性经验支持)不能够保证,知识就无法形成。历史的概念是无法通过人的先天能力所确证的,更不能在对历史的经验观察中得出。因而,如果谁断言可以从这种不确实的经验中推出历史概念的话,就会陷入独断论。那么,历史的最终目的或是归宿对于人而言是不能够预测和掌握的,而只有上帝能够洞察到。

其次,历史是反思判断力,不能形成知识,是一个期待的对象。康德把纯粹理性批判强调的恶认识论和实践理性批判强调的伦理学最终都引向了对于历史的反思，反思本身就是理论理性与实践理性的中间地带。反思是人的判断力，因为，判断力“不能够以它在‘纯粹知性概念的先验演绎’中所拥有的作为感性材料归摄于范畴之下的那种意义的形态来承担这种功能”[①]。因此，判断力就是“把某物归摄在规则之下的能力”[②]。它包括规定判断力和反思判断力，规定判断力是那种使思维具有由普遍到特殊的能力，规定性判断力还不是反思判断力，因为它所依据的法则不是理性的法则，而是知性提供的普遍的先验法则，而且是在法则统摄下的判断形式，既然是先天就已经被规定的东西，就不需要发挥自身的能动能力，不必为自己寻找法则，更不需要考虑能把自然的东西囊括在普遍的法则之下的问题。因此，历史概念能够解释历史现象，仅仅依靠先天能力是无法被证明的。那么，规定性判断力不能解决的事情，康德发现可以通过另一种方式解决，因为从审美判断力出发，其存在的根据就不在于概念，也不在于概念所提供的普遍必然性的法则，而是在于合目的性，这种合目的性是对象的形式对于认识能力的要求主观的东西，也是感性与知性相互协调的主观合目的性，因而审美判断也不是基于理性的判断，而是情感基于一个合目的性原则。因此，在康德看来，历史就存在于反思判断力当中，因为“被表象的对象不再为了认识而与普遍概念相关，而毋宁是为了情感而与一个合目的性原则以普遍有效的方式相关”[③]。反思判断力的根据不是知性，而是理性。反思判断力的职责就是“从自然中

---

① [德]康德. 三大批判合集(下卷)[M]. 李秋零译. 北京：中国人民大学出版社，2016：673.

② [德]康德. 康德著作全集(第3卷)[M]. 李秋零译. 北京：中国人民大学出版社，2014：125.

③ [德]康德. 三大批判合集(下卷)[M]. 李秋零译. 北京：中国人民大学出版社，2016：673.

的特殊的东西上升到普遍的东西，因此它需要一个原则，它不能从经验借来这个原则，因为这原则恰恰应当为一切经验性的原则在同样是经验性的、但却更高的原则之下的统一性提供根据，因而为这些原则相互之间的系统隶属的可能性提供根据”①。那么，当一种方式适合所有的历史杂多现象时，必然会出现共同的根据。因为，反思判断力并不同于其他判断力的给定根据的特点，而是自己为自己颁布理性的法则，如果是借助于外力的帮助那就失去了其本身的性质和自由的特点，尤其是与自然相联系时，也不能把自然法则看成是反思判断力，因为自然法则有其自身的依据，那就是自然概念所提供的必然性，自然法则就不会依靠那些偶然的自然现象来解释自身。因此，反思判断力本质上是主观的，是自己为自己立法的，是自我意识反思自我意识。这样，反思判断力就是那种不需要在概念中明证自身，而是在反思中寻找普遍的东西。康德的反思判断力的最重要的意义在于可以使主观形式拓展地运用到自然本身的质料上，来协助知性，因为有些对象是知性没有办法单独去把握的。更在于把历史杂乱无章的事件的多样性统一的根据设定在主体内在的反思活动之中，用反思判断力把主体的知性和理性这两种认识能力协调起来，使自然界向人类历史的跳跃顺其自然的发生。因此，历史观念作为理性的看上去更加主动和自由的活动机能的先天条件通过反思判断力完成了经验性原则的运用，获得了一种类比知性规律的普遍性。就像康德在《永久和平论》中强调的那样，“实践家(对他来说道德是纯然的理论)绝望地否定了我们的善意希望(尽管成人应当能够)，真正说来其根据在于：……

① [德]康德.三大批判合集(下卷)[M].李秋零译.北京：中国人民大学出版社，2016：692.

所有人一起想要这种状态(联合起来的意志之集体的统一)才行”[①]。这是一种人类能够期待的状态,期待政治与道德协调一致的“结盟联合体”[②]。

最后,理性期待中的世界历史。在康德看来人类历史的开端是以“人的实存为开端”[③],之后人相继经历了必然的本能—深思熟虑地期待未来的东西—把动物视为达成目的的手段和工具这三个阶段,这样,人类最初的历史就形成了,人类脱离了大自然的襁褓,从一种动物性的存在开始向人性发展,这是理性给予人类的最初级的阶段,人从那种动物性的生存开始转变为理性指导的发展,并且摆脱了自然性的束缚,从一种必然的状态向一种自由的状态过渡。因此,人类历史的进步并不是由于每个人对道德的自觉追求而形成的,恰恰是每个人在动物本能的驱使下,由于利己主义尽力展现自己的恶,而在善恶的对抗中,在与社会中其他人的弱肉强食的抗争中唤醒了人的力量,克服自己的惰性,激发自己的潜能。人类历史发展的背后,是每一个人在与恶的对抗中建立起来的善,建立起来的理性、自由的信念。虽然人类历史上的人物或民族所产生的行为或历史事件是偶然的,也有着不同的复杂动机,但是这纷繁复杂背后总是有着推动历史进步的动力,那就是人们对于历史的期待。人类的历史与动物本能制约的自然史不同,是人类理性能力发展的产物,是人类依靠自身的反思,对于从野蛮的状态当中摆脱出来的道德自觉和对抗中形成的。历史的发展依赖于人的审

---

① [德]康德.康德历史哲学文集[M].李秋零译.北京:中国人民大学出版社,2016:166.

② [德]康德.康德历史哲学文集[M].李秋零译.北京:中国人民大学出版社,2016:178.

③ [德]康德.康德历史哲学文集[M].李秋零译.北京:中国人民大学出版社,2016:50.

美判断力通过人的审美快感使人意识到自己的自由并激发起人的情感。“承载人的理性自由的普遍历史重新规划了人的经验历史中服膺自然律的部分，它用反思性判断力主观构造出来的经验规律替代了原本呈现出必然性特征的历史经验表象的相关规定。在这过程中，特殊经验殊相获得了普遍化的提升”[①]。从目的论历史观念的眼光看，这是完全自洽的，因为，目的论判断通过自然目的追溯使人意识到自身肩负着世界的道德目的，“以便给纯粹实践理性所取得的那些理念[上帝等]在自然目的上提供附带的证实”[②]。而这种证实，不是在别的什么中，是在以“先验自我”为根基的主体内实现的。虽然目的论眼光下的历史因为目的被定义为自身是一种实现趋势而理解为永远无法在经验世界中实现的，但历史发展的趋势就是这种目的强烈趋势性而体现在历史进程中。因此，当人类在经历了恶和善的对抗，经历了痛苦牺牲逐步地希望建立一个普遍的法律来统治的资产阶级共和国，也许这个共和不能实现，但可以期待，“如果实现一种公共法权的状态，哪怕只是无穷进步地接近它，若同时是有根据的希望，则就是义务，那么……永久和平就不是一个理念，而是一项逐步得到解决的而不断接近其目标的任务”[③]。这样，其实康德在用一种超验的眼光看待历史，因此，康德在这个意义上也在用哲学自身的思维、外在的超越、更高的原因、超验的逻辑来打造哲学意义上的形而上学。

因此，要从康德的哲学的“根基”意义上去思考康德的历史观，

---

① 安希孟. 必然与自由的背反：康德历史哲学评论[J]. 学海，2004(4)：56—63.

② [德]康德. 判断力批判[M]. 邓晓芒译. 杨祖陶校. 北京：人民出版社，2002：301.

③ [德]康德. 康德历史哲学文集[M]. 李秋零译. 北京：中国人民大学出版社，2016：180.

历史的发展是一种理想的目的论的实现,因其自身具有理性的特点而不受经验的束缚,是超出经验历史视域的历史发展规律,作为人类理性的运用,凸显了人类在经验历史中寻求超越的内在冲动。因而,康德历史的世界历史观具有中间性,更加值得我们思考的就是关注判断力在历史中的作用。历史在道德领域的预设仅仅是形式上的有效。历史既不能遵从道德层面的道德律而获得普遍有效性,也不需要经验世界层面的确证说明。但是历史却必须从杂乱的、偶然的历史事件中寻找出本身存在的原则,就是那种能动的、主动的,由特殊到普遍的理性能力。这种理性的能力正是康德哲学根基确立的原则所在,防止知性原则对于历史的僭越,又保证了理性发挥作用,彰显人性的本质。康德为我们提供了一种思路,那就是从意识自身出发进行反思,费希特就是沿这一思路来思考历史发展的。

2. 费希特"理性王国"中人类历史进程

费希特哲学的根基就在于"绝对自我","绝对自我"是在主观领域完成了思维和存在的统一,虽然"绝对自我"还是存在论意义上的,但是费希特突破了康德的主客二分,通过自我的设定活动在思维领域实现了主客的统一。费希特哲学根基的变化促使了历史观的变化。如果说康德把历史看作是判断力,那么费希特就把历史看作是在"绝对自我"的本原活动中展现出来的,是一种内在于主体的历史发展过程,是理性王国。

首先,自我设定历史。康德认为历史是判断力,不能形成概念,因此,"先验自我"所构建的十二个范畴所对应的时空序列并不能推演出历史的存在,只是为知识的存在提供了普遍必然性。这也是康德哲学根基缺陷所带来的二元分裂而产生的影响。费希特看到了这一点,从“自我”出发来设定历史。因此,“费希特的历史哲学首先是从时间的起源谈起的。这是因为,时间是任何现实事物的过程本身,无论什么历史哲学都应该说明,作为这个过程本身的历史是如何可能的,不作出这样的说明,就是非批判地肯定了历史哲学的研究对象”[1]。这样,在早期知识学中,自我通过设定活动演绎了时间的存在,在晚期知识学中,费希特哲学以“绝对自我”为根基,历史观中时间的认定已经超越了自我,进入绝对的境地。因而,绝对就是上帝,是已经超越了时间的存在,上帝通过时间(历史)来表现自己,并创造着历史,而上帝内在于整个历史的精神活动就是知识学所具有的全部内容,所以,当费希特确立其哲学根基为“绝对自我”之后,就在绝对的显现中来理解历史,用绝对的超时间性来解释历史,塑造历史。费希特认为“知识学活动则是在持续不断的时间序列中靠它发展自身的”[2],而历史就是“合乎规律地注目于完成这个时间序列的经验”[3]。因此,人类历史就是超时间的存在构成的发展过程,每个国家的历史都是来自于这个共同的起源。

其次,“绝对自我”根基中的历史发展。费希特哲学根基的全部意义就在于通过“绝对自我”的本原活动演绎了整个知识学,整个知识学划分为理论知识和实践知识。那么,以知识学为根据,人类历史也分为两部分,即先验部分和经验部分。“前者是必然的存在,它展现的是作为历史目标的宇宙蓝图及其实现的过程,是人类

---

① [德]费希特.现时代的根本特点[M].沈真,梁志学译.北京:商务印书馆,2017:译者序 i.

② [德]费希特.现时代的根本特点[M].沈真,梁志学译.北京:商务印书馆,2017:译者序 iii.

③ [德]费希特.现时代的根本特点[M].沈真,梁志学译.北京:商务印书馆,2017:译者序 iii.

历史发展的逻辑;后者是偶然的现实存在,它展现的是数量无穷的历史事实及其出现的过程,是人类历史发展的经验。这两个方面分别构成了历史哲学的研究对象和历史学研究的对象"[①]。而这两个方面并不是矛盾冲突的,而是通力合作的,历史哲学就应该既包括普遍永恒的概念意义上的东西,也包括必然流变的意义上的人类经验历史的东西。那么,依据费希特对于历史过程本身的划分,时间也就分为两种"一种时间标志着先验部分的展开,这就是不均匀地流逝着的概念中的时间;另一种标志着经验部分的进展,这是均匀地流逝着的编年史的时间"[②]。而这种"对全部时间的理解以一个宇宙蓝图为前提,这个蓝图的统一性是一目了然的,人类世俗生活的一些主要时期完全可以从它推导出来,用它说明这些时期的起源和彼此之间的联系"[③]。因此,这个宇宙蓝图在费希特这里属于先验的部分,是历史被阐述和推导而出的先验的原则,历史由此发展经历五个时期:人类无辜状态时期,也就是本能性时期—恶行开始的状态,也就是强制性时期—恶贯满盈状态,也就潜在理性时期—说理的状态,也就是理性科学时期—说理完善状态,也就是合理技艺时期。历史就这样经历了五个时期,从黑暗走向光明,从强制走向自由。"人类的世俗生活目的就是人类在这种生活中自由地、合乎理性地建立自己的一切关系"[④]。因此,人类历史就是从

① [德]费希特.现时代的根本特点[M].沈真,梁志学译.北京:商务印书馆,2017:译者序 iii.

② [德]费希特.现时代的根本特点[M].沈真,梁志学译.北京:商务印书馆,2017:译者序 viii.

③ [德]费希特.现时代的根本特点[M].沈真,梁志学译.北京:商务印书馆,2017:8.

④ [德]费希特.现时代的根本特点[M].沈真,梁志学译.北京:商务印书馆,2017:9.

原始愚昧到自由的理性发展过程，历史的进程必须要被统摄在“绝对自我”的理性发展中，历史发展的进程中的各个阶段与自我理性发展的逻辑相吻合，其最终目的就是建立理性王国，也是“绝对自我”根基的体现。

最后，根基在历史领域表现出的辩证法思想。费希特哲学根基“绝对自我”推演最高原理时所运用的正题—反题—合题的逻辑本身就是辩证法的逻辑，历史中，与康德非常一致的是费希特也把恶的最终被克服作为人类未来的理想社会，也认同恶在历史发展中出现的必然性和作用，恶就是对于善的否定，又通过恶的克服找到善，就像费希特自己指出的那样“人类在尘世中通过这一系列时期走过的整个路程，不外是向它最初所处的那个阶段的回归，无非是要复归于它的原始状态。但人类必须用自己的双脚走出这条道路，它必须用本身的力量又使自身成为它从前不借自己的任何作用所成为的那样，正因为如此，它首先必须丧失自己的原始状态”①。因此，历史的发展就是按照本能理性—盲目理性—概念理性的辩证逻辑展开的。费希特是用一种先验的方法在描述理性王国里人类历史的发展在曲折中前进，在以“绝对自我”为根据的理性的发展史中，费希特这种关于人类历史在否定之否定中辩证前进的思想继承了康德，而又启发了谢林、黑格尔，构成了德国古典历史领域辩证法发展的重要一环。

费希特历史观是从其哲学“根基”中生发出的关于人类历史的思想，哲学的进展体现在了历史领域，费希特把历史看作是一个宇宙蓝图，人类要通过绝对自我的行动来实现历史过程，而不是康德所谓的单纯的静观的反思。虽然费希特把历史纳入到了理性王国

---

① ［德］费希特．现时代的根本特点［M］．沈真，梁志学译．北京：商务印书馆，2017：译者序 xv.

来思考，在绝对自我的基础上来看待人类发展的历史，但是这种历史观毕竟还是主观的演绎，因为“一切存在从理想性来说都依存于自我，但是自我从实在性来说是自身依存的”[①]。就这样，谢林抓住了费希特哲学的局限，从客观出发来思考历史。

3. 谢林“先验演绎”的理性历史观

谢林哲学的“根基”就是“绝对同一”，超越了康德、费希特，他从知识论立场出发，确定哲学的最高原理就是绝对＝绝对，这一原理是其他原理的基础。谢林借鉴斯宾诺莎的哲学思想的实体分有属性和样态，其哲学体系的主观与客观也从属于绝对，因此，“绝对同一”既不是主观也不是客观，是包含主观与客观且高于主观、客观的最高原理，那么，所有知识都是主观东西与客观东西的汇合，都是以“绝对”为知识的对象，谢林哲学任务就在于揭示主客观汇合，汇合后所包含的联系，就这样，谢林转换哲学的立场，从知识论出发，建立了“绝对同一”的哲学根基，谢林哲学根基的变化，伴随着历史观也发生了变化。

首先，谢林第一次把人类社会与自然界打通，使人类社会具有了真正的历史观。谢林历史观的超越之处就在于把历史理解为由低到高的发展过程。在谢林之前，康德把自然界看成是物的集合，是物与物的关系，没有把它理解为由低到高，不断接近绝对自身的东西。谢林哲学中自然界由低到高，人类社会也是由低到高，从感觉一直观一反思这一过程形成理性，通过反思把理性反思出来。谢林认为如果人没有理性发现不了绝对自身，尽管绝对自身存在着，动物被动地执行着理性，演绎着理性。只有人知道那个理性是

---

① [德]黑格尔．哲学史讲演录(第四卷)[M]．贺麟，王太庆等译．上海：上海人民出版社，2013：335．

理性本身,人类自我意识的发展也能揭示理性,人类历史发展背后就有了根据,不是自由发展的历史了,根据就是理性。而这种“同一理性”是通过次幂的方式不断发展而来的,这就为谢林的历史观模式提供了依据。从谢林开始,确立了理性主义的历史观,并且把人类社会和自然界统一为一个由低级到高级的发展历史。这种历史的发展中由于有了人的理性,使得历史有规律了,这个规律就是理性本身。人类的历史活动要遵循一种“同一理性”支配的“天意”性质的规律性。“这种规律性作为一只未知的手编织出来的东西,通过任性的自由表演,贯串在全部历史过程中”[①]。因此,谢林历史观已经不是以往康德、费希特式的自然界与人类社会分离的发展历史。由于谢林哲学“根基”的转换,哲学立场的转化,使得费希特那种在“绝对自我”统摄下的纯粹主观的历史发展得以加入自然界的发展过程,也为“绝对”纳入了客观的因素,使得“绝对”成为既包含主观又包含客观的东西,那么历史的发展也是既包含客观又包含主观的发展过程,是一种先验演绎的理性历史观。而且由于理性的发展必须要经历一个由低到高的阶段,历史作为反思的理性,也要经历自然界和人类社会由低级到高级的发展过程,虽然是静态的辐射式发展过程,但最高的理性,最高的历史发展阶段,仍然是谢林哲学试图达到的最高点,即“绝对同一”。

其次,“绝对同一”下自由和必然的关系的发展促成了历史发展。“绝对同一”在历史领域通过人们的自由的表演把自己启示和表现出来,人类的历史就是与人类的自身的自由的表演无法分割的存在。康德和费希特的自由依然是内心的主观的抽象的道德自律,而不涉及现实自由实现。谢林的历史观就在于把“内心的自由

① [德]谢林.先验唯心论体系[M].梁志学,石泉译.北京:商务印书馆,1977:250.

变成现实的自由，把理智直观的同一性变成客观实在的同一性”[①]。因此，谢林把历史分为自然界与人类历史，世界历史也就顺其自然地分为两个部分，但是这两个部分的发展都是“同一理性”发展的历史。在谢林看来，“绝对”从自我创造性活动中表现出来，人类在历史中能够创造自己就在于具有意志自由，因为意志自由不仅仅具有道德自律的特点，更重要的是自由的为自己确定理想并付诸于实践。历史的发展，既要包括自然界的演绎发展过程，也要包括人类社会自身自由的表演。因此，历史就是实现理想，也是自由意志的外在客观化的过程，“而整个自由表演的过程就是历史”[②]。谢林的历史理性就在于从意志出发，从意志的外在客观化的角度去建构历史，是人的自我意识的不断地发展形成了历史的发展，“绝对”启示自身的过程也就是历史发展的过程。历史依据绝对启示自身的发展分为三个时期：命运主宰时期，即悲剧时期，这时人的意识是盲目的无意识—自然规律时期，即人的意识服从于一种自然计划，形成了历史发展中的一种机械规律性—天意显示时期，即上帝存在的时期，历史将作为天意的显现而得到发展，上帝将在这一历史时期得到证明，这时自我意识达到的无意识和有意识的绝对同一。这种人的根基性的东西被谢林在历史领域建立了起来，同时，神性的上帝的“根基”也开始显现。那种天意显示的时期就是理智和自由，主观和客观统一的时期，而全部历史就是绝对的无意识的预先决定，“整个历史就都是绝对不断启示、逐渐表露的过

---

① 邓安庆.知识·历史·艺术——试论谢林先验哲学体系的三大主题[J].湖北大学学报(哲学社会科学版)，1993(1)：90－97.

② [德]谢林.先验唯心论体系[M].梁志学，石泉译.北京：商务印书馆，1977：268.

程”[①]。而人这个主体通过自身发展的历史,获得上帝存在的结论,并且在上帝的启示中获得历史发展的形上根据,是谢林关于历史思考的贡献所在。

最后,“绝对同一”基础上历史领域的辩证法。辩证法的实现总是伴随着最高本体的出现,也伴随着“根基”的确定。如果说康德、费希特的哲学已经具备了辩证法的雏形,那么,谢林就把辩证法引入到了历史领域,使辩证法很好地揭示了人类历史的发展。“把历史还原为实践,把实践还原为实践理性,把实践理性还原为意志自由,这是当时哲学家的通用的还原公式。谢林也是这样思考的”[②]。谢林在历史领域确定了“同一理性”的根基。历史领域自然史的发展是自我在自然领域的获得,从最初的客观达到主观,而人类历史就是从主观达到客观。那么,未来历史要实现出来,在谢林看来,不能仅仅是自然历史和人类历史的对立和差别为前提,必须要使二者统一起来,那就是艺术的天才的直观中实现的“绝对同一”。因此,“自由行动与历史必然性的关系,不是一个产生另一个的决定和被决定的关系。既不能说历史必然性决定自由行动,也不能说自由行动决定历史必然性。毋宁说它们是一种共存或共在关系”[③]。“自我把自己跟产生自然界、客观世界的无意识的精神合而为一,而此无意识的宇宙精神则客观化于世界之中并人格化于自我之中”[④]。这样,辩证法的合题就在艺术中实现了,“因为艺术

---

① [德]谢林.先验唯心论体系[M].梁志学,石泉译.北京:商务印书馆,1977:284.

② 李德学.王天成.谢林先验唯心论历史观中的唯心辩证法思想[J].社会科学战线,2002(4):85—88.

③ 李德学.王天成.谢林先验唯心论历史观中的唯心辩证法思想[J].社会科学战线,2002(4):85—88.

④ 杨祖陶.德国古典哲学逻辑进程[M].武汉:武汉大学出版社,2003:23.

好像给哲学家打开了至圣所，在这里，在永恒的、原始的统一中，已经在自然和历史里分离的东西和必须永远在生命、行动与思维里躲避的东西仿佛都燃烧成了一道火焰”[①]。艺术总是在追求行动和创造中的无意识事物及其与有意识事物的原始同一性，天才的艺术就是把无意识与有意识结合起来，自然史和人类史结合起来，使历史的“根基”奠基于“绝对同一”的理性。

谢林的历史观是随着其哲学根基“绝对同一”的确立而产生的。谢林使历史成为了理性的先验演绎，成为了绝对自身启示自己的过程，使历史是包含自然内容的主客观统一的历史。同时，他也把辩证发展的观点带入到历史领域，试图寻找主体的主观能动创造活动与客观规律的制约作用的矛盾统一。但是，谢林的历史发展进程是一种静止的、无差别的等同，当其把哲学的“根基”归为艺术天才的灵感时，走向了神秘的直观，也就注定了其哲学中历史的必然性规律不是别的，就是命运、天意，并不是“绝对同一”，因为“绝对同一”并不是理智可以去认识的，这就出现非理性的色彩，使谢林哲学走向了神秘，而这种非理性的神秘主义否认了思维形式在认识论中的重要作用，降低了人类的逻辑思维，正是因为谢林历史观的这种片面性，为黑格尔在历史领域构筑了自己的辩证历史观提供了思想的前提。

4. 黑格尔“绝对精神”中的辩证历史观

黑格尔哲学发展的超越之处就在于通过体系的发展，使得认识论、本体论和方法论三者统一于“绝对精神”，而其历史观就是在“绝对精神”中发展出来的辩证历史观，“哲学的历史是世界的历史

① ［德］谢林．先验唯心论体系［M］．梁志学，石泉译．北京：商务印书馆，1977：276．

的最内在的核心”[①]。

首先，“绝对精神”的辩证演绎是黑格尔历史观形成的根据。“黑格尔首先是一个历史性的思想家。他非常认真地看待历史——他也许是第一个在哲学和历史之间看到了不可解散的联系以及赋予理论以根本的历史性维度的大哲学家”[②]。因此，黑格尔在其哲学中不断地强调其“根基”与历史的关系的重要性，认为自己的哲学体系一定是要受历史影响的。“这些概念乃是世界精神最简单的启示：它们表现在它们的较具体的形态里，就是历史”[③]。黑格尔哲学体系是一个从理念到自然，再到精神的圆圈，“绝对精神”是黑格尔哲学体系发展的最后目的，也是人类理性的实现，是黑格尔哲学体系的辩证逻辑的最后一环，是理念发展的合题。那么，黑格尔历史观就是其哲学“根基”发展的体现。黑格尔的历史观就在于展现人类的精神，整个精神部分就是人类历史，因为人类历史就是以精神的方式将逻辑学的内容在人类精神发展的各个环节中实现出来。那么，“绝对精神”就是统摄人类历史发展的前提和根据所在，通过分析社会历史发展的各种表象，寻找到隐藏在这些表象下的精神发展本质的规律，使精神的自我运动得以完成。最后，理念就是理性历史的内容，是“绝对精神”的实现。理念是经历普遍—特殊—个别的发展后返回自身的绝对理念，这也体现了黑格尔的辩证法思想，他超越谢林，把静止的历史发展过程转变为了历史的动态的发展过程。理念最初是普遍的存在，它外化为自

① [德]黑格尔.哲学史讲演录(第四卷)[M].贺麟，王太庆等译.上海：上海人民出版社，2013：378.

② [美]汤姆·罗克摩尔.黑格尔：之前和之后——黑格尔思想历史导论[M].柯小刚译.北京：北京大学出版社，2005：67.

③ [德]黑格尔.哲学史讲演录(第四卷)[M].贺麟，王太庆等译.上海：上海人民出版社，2013：378.

然界的意识,从自然的意识形成人类社会中的普遍观念,在精神的内部、在历史的活动中体现着理念自身,最后又返回到绝对精神中。历史的发展就是普遍—特殊—个别的这样一个理念的理性发展过程。历史理性的普遍原则蕴含在历史的个人的特殊的目的中,是普遍的、任性的、抽象的观念。个人的主观目的作为特殊的目的,是个人全神贯注地从事利己的生产活动,这种特殊目的包含着人类全部的目的在活动中,以牺牲一切其他可以成为目的的东西为代价,是有限的目的。而个别就是我作为纯正的自由仅仅存在于精神中,是精神经受了外部现实生活和历史的事件的洗礼,而重新返回自己的内心精神。理念就是理性自身的那种主观的特殊的有限精神经过普遍的目的,从有限精神中发现客观的绝对精神,从而认识到自己就是绝对精神,是自由的、绝对的观念。这时的绝对精神就是理念,而理念就是理性历史所要表达的全部内容。

其次,理性是历史发展的动力。“绝对精神”发展的过程就是理性根据自身的规律辩证运动发展的过程,而历史发展就是以理性作为本质的精神的不断地丰富和发展的过程,因为“哲学用以观察历史的唯一的‘思想’便是理性这个简单的概念。‘理性’是世界的主宰,世界历史因此是一种合理的过程”[①]。因此,历史是理性统摄的历史的自我发展。在黑格尔看来,理性就应该是实体,是它自身创造一切自然的和精神的生活的基础,这些自然和精神的东西只有在理性中,或者是由于理性才获得了生存和存在的意义,因为,“它交给它自己的‘活力’去制造的东西,便是它自己的素质;它不像有限的行动那样,它并不需要求助于外来的素质,也不需要它活动的对象。它供给它自己的营养食物,它便是它自己的工作对

① [德]黑格尔.历史哲学[M].王造时译.上海:上海书店出版社,2006:8.

象。它既然是它自己的生存的唯一基础和它自己的绝对的最后的目标,同时它又是实现这个目标的有力的权力,它把这个目标不但展开在'自然宇宙'的现象中,而且也展开在'精神宇宙'世界历史的现象中"[①]。因此,研究历史的发展就是要以"理性"为动力,否则这个人类历史的发展就是随风漂泊、落花无主的无规律的历史。那些存在于世界中的各种历史现象,就在纷繁复杂中找不到归宿和反省人类自身发展的基点,历史也就很难得到精神的意义和前进的动力。与此相对,由"理性"支配的历史所形成的"世界精神"的本性永远是同一的,无论是理性在自然之中,使自然遵从普遍的法则还是具有无限神意的支配者,理性作为神圣的智慧,赋有无限的权力来实现"世界的绝对的合理的最后目的"[②],是那个以完全的自由自己决定自己的思想,因为它自己就是历史发展的最终结果。因此,"绝对精神"作为历史的"根基",本身就是"理性"实现的过程,人类历史就是理性在人类历史的实现过程和演绎过程,人类历史发展就是理性的历史。

最后,历史是人类自我意识发展的历史。世界历史是属于精神领域的,是主观精神外化的表现,也就是客观化了的精神自我发展和自己运动的产物,是人类历史以精神的方式将逻辑学的内容在人类精神发展的各个环节中实现出来。因此,"在世界历史的舞台上观察'精神'——'精神'在这个舞台上表现了它自身最具体的现实"[③]。也就是说理性的"根基"最具体、最现实的形式的表达就是在于通过历史来观察精神,使"根基"在客观的历史发展和时间进程中表现出来。尤其是精神的自由本质、它通过观念和热情作

---

① [德]黑格尔.历史哲学[M].王造时译.上海:上海书店出版社,2006:9.

② [德]黑格尔.历史哲学[M].王造时译.上海:上海书店出版社,2006:12.

③ [德]黑格尔.历史哲学[M].王造时译.上海:上海书店出版社,2006:15.

为手段和方式把自己现实出来，同时获得国家这种精神在有限存在中全部实现的形态。从精神的自由本质看，世界历史就是潜伏在精神中的精神自己本身的表现，那么，历史就是从一个人的自由的历史(东方君主专制)—部分人自由的历史(希腊历史)——切人们绝对是自由(日耳曼历史)的发展过程，是人们关于自由意识的进展过程。“自由本身便是它自己追求的目的和‘精神’的唯一的目的。这个最后目的便是世界历史”[①]。因此，这个目的也是上帝对于世界的目的，上帝对于世界的目的就是上帝的本性所在，也是自由的真谛所在。自由作为一个内在观念，需要外在的现象作为手段来实现自身，人类最初的行动都是需要、热情或兴趣的推动。“需要和兴趣对于它们正在完成的目的尚无所知，普遍的原则还蕴蓄在它们个别目的之中，并且由它们来实现它自己”[②]。因此，那些历史中的经验偶然事件、英雄的意志和热情、自发的任性、冲动和嫉妒等都没有意识到自己即将成为自身获得普遍自由的一部分，具有自由意志的人们所进行的自身的活动都存在一种内在的必然规律性。因为人们在现实生活中所进行的活动，总是会得到未曾预料的结果，这种结果无关乎是否实现了个体的有限目的，但却属于某种更高的和更远的目的，人们在实现这种更高目的时并不是自觉地，因为每一个人的行为背后都不是历史事件的最后原因，这最后的原因只能是世界精神，每个人的活动、热情或是动机都是世界精神为实现自己的目的所使用的手段或工具。黑格尔把这一过程称为“理性的狡计”。因此，如黑格尔所说，如果想理解理性的历史，就要理解历史主体的精神的发展过程和现实的行动本身，因为“根基”的理性并不是抽象的思考，而是人的精神本身去实现自己

① ［德］黑格尔．历史哲学［M］．王造时译．上海：上海书店出版社，2006：18.

② ［德］黑格尔．历史哲学［M］．王造时译．上海：上海书店出版社，2006：23.

的理性的运动过程。对此,黑格尔指出:“解释历史,就是要描绘历史在世界舞台上出现的人类的热情、天才和活力”[1]。在这里,黑格尔要建立一种哲学理论和现实生活的统一,而这个统一的点就是历史发展的进程中,因为理性的所有形式都在不同的层次上实现在世界历史之中了。

黑格尔是“第一个在一个单一的哲学图景中考察历史的和系统的诸多方面的思想家”[2]。他把主体与客体、思维与存在、自由与必然的关系纳入到人类现实的社会生活和历史活动的本质去理解,使这些原本抽象的哲学问题成为了客观化的人类活动,并在其中渗透着辩证的哲学智慧和最高的哲学理想。因此,黑格尔改变了人们对于历史的认识方式,超越了康德、费希特、谢林的历史观,不仅从本质上反映了人性的精神本性,还把历史纳入了自我意识和逻辑发展的进程中,通过绝对精神形成的辩证演绎,使绝对精神自身辩证的运动方式成为历史发展的动力。因此,“人性”的根基在形而上学的发展中赋予了历史的意义,同时,神性又在绝对精神中体现出来,使上帝的神性在自由的世界历史目的中显现。黑格尔的历史观历史理性的实现就是绝对精神的获得,也是逻辑学—自然哲学—人类社会发展的圆圈式的过程,这种理性的历史观是德国古典哲学历史发展的必然结果,也是形而上学以“理性”为根基在历史领域得到证明的最好方式。

---

① [德]黑格尔.历史哲学[M].王造时译.上海:上海书店出版社,2006:12.

② [美]汤姆·罗克摩尔.黑格尔:之前和之后——黑格尔思想历史导论[M].柯小刚译.2005:78.

第四章

德国古典哲学形而上学"根基"的解构及哲学转向

德国古典哲学从康德开始,经费希特、谢林,直到黑格尔,完成"人性根基"向"神性根基"的跃迁,将人类从理性领域追求真理和自由的程度推向至高点。黑格尔建立的思辨形而上学体系完成了西方形而上学,同时也终结了西方形而上学,终结意味着解构的开始,而解构的实质是对"根基"的瓦解和转换。人们开始怀疑黑格尔所构建的"纯粹思维"运动的思辨哲学体系是否具有绝对的可靠性,哲学开始从人的理性转向感性去思考形而上学的"根基"问题。

一　德国古典哲学对形而上学的理性完成与终结

德国古典哲学从理性层面实现了形而上学的完成与终结,真理精神、自由精神在德国古典哲学中不断地被提升,真理和自由最后归于绝对理念的实现,"使理性赢得其全部形而上学地位的角色的历史性展开过程"[①]。也正是由于把人单一地归结理性动物,将思维和存在的统一仅仅限制在思维的范围内,伴随着理性的完成而来的是对于"纯粹思维"自身发展的质疑。这样,形而上学的理

① [德]海德格尔. 尼采(下卷)[M]. 孙周兴译. 北京:商务印书馆,2002:925.

性终结，形而上学的“根基”开始转向。

1. 黑格尔思辨哲学体系与理性至上性的完成

从康德到黑格尔，德国古典哲学家们都强调各自哲学的体系性，黑格尔建构的思辨哲学体系是从辩证思维方式入手的，如果说以往的哲学家都强调思维的同一性，从差别中寻找同一，以此作为思维的前提的话，那么，黑格尔就更加注重事物的差异性，差异性所构成的否定性是事物发展的动力和源泉，同一性和差异性一起作为事物矛盾运动的两种属性，“对立的东西是同一的，而永恒的生命既是永恒地产生对立并且永恒地调解对立的生命。——在统一中认识对立，在对立中认识统一，这就是绝对知识，而科学就是在它的整个发展中通过它自身认识这统一”①。因此，差异性所构成的否定性也是辩证逻辑发展的奥秘所在。

一方面，黑格尔运用辩证逻辑构建的思辨哲学体系分为逻辑学、自然科学和精神哲学三个部分。逻辑学是整个哲学体系的本体论，逻辑学就是理念自身的辩证逻辑，也是认识整个哲学体系的认识论和方法论。从逻辑学出发，理念在自然哲学和人类社会的发展中丰富自身，自然界是理念的或者说是逻辑学的外化，在自然科学中的理念遵循逻辑的规定，自身中包含理念的内容，但是并不知道自己本身具有理念。人类社会的发展是理念发展的更高的环节，是对于自然哲学外化的克服，当人类社会发展到最高阶段时，就达到了绝对精神。绝对精神就是绝对理念，也是逻辑学的核心，这时候的理念是最丰富、最真实、最完善的，是包含环节的必然性和全体的自由性的真理。因此，黑格尔思辨哲学体系不仅仅是理

① ［德］黑格尔. 哲学史讲演录（第四卷）［M］. 贺麟，王太庆等译. 上海：上海人民出版社，2013：382.

念的辩证运动发展，也是理性的辩证运动发展，更是宗教的辩证逻辑发展。“绝对精神”自身辩证运动的发展过程，就是理性至上的发展过程，也是去除基督教知性思维的过程，将知性转化为理性，是对于基督教教义的辩证表达的过程。黑格尔认为“绝对理念”就是“绝对精神”，也是上帝。上帝被规定为绝对理念，因此，我们可以理解为上帝也就是精神。根据上帝的形而上学概念，我们在谈论上帝时，只能谈论其纯粹的概念，即实在性。精神和绝对理念存在于作为概念和实在性的统一。所谓实在性，就是由于自身而实在，自为存在的显示。当显示在其自身之中也存在着差别之时，就形成了对有限精神即人性的规定，与无限的绝对精神相对立。也就是说，我们所称之为神性的绝对精神，包含了神性与人性的统一。由此，在思辨哲学体系中，“绝对精神”就是基督教的上帝。

另一方面，上帝作为概念的辩证逻辑演绎就是《逻辑学》中概念发展的三个环节：普遍性、特殊性和个体性。那么，相应的，基督教的“三位一体”的教义就是圣父（普遍性）、圣子（特殊性）、圣灵（个体性）。首先圣父就是那个自在自为的理念，包含全部特殊性于自身，没有任何外在形式的总体。这个纯粹的精神本体进入一般表象时，使自身获得规定性，这个规定性的差别的存在就是圣子，圣子就有上帝的绝对精神或者说是圣父的普遍理念在自然界中以经验的方式呈现出来，在自然中以有限的方式来呈现绝对精神，呈现上帝。圣灵就是上帝概念在圣子的外化中显现出的有限规定被克服的状态，圣灵是一种自为的存在状态，泛化到每一个精神个体之中，如果说圣父是正题，圣子是反题，那么圣灵就是合题。这个合题在黑格尔看来就是“作为总体的普遍者本身”。我们在剖析三者关系时，往往将圣父理解为普遍者，认为其在精神的阶段上将全部的特殊性纳入自身，成为永恒的，无所不含的；而与之相对的，即圣子，是特殊性的显现；第三者，即圣灵，我们可以具象其为个别性本身。而通过“作为总体的普遍者本身即是圣灵”，我们可以得出：三者都是圣灵。“在第三者中，我们说上帝就是圣灵；但此圣灵也是预先设定的：第三者也是第一者。这一点须在根本上予以坚持。即当我们说：自在的上帝根据其概念直接地、自我分离的和返回自身的威力时，他只是自身直接与自身相关联的否定性，即绝对的己内反思（Reflexion－in－sich），这就是对圣灵的规定”①。因此，圣灵就是理念达到“绝对精神”的丰富状态，是个体在自身中拥有无限自由，也具有了上帝一样的永恒规定性。

当黑格尔把思辨哲学体系运用到宗教的“三位一体”教义上时，哲学的思辨理性就获得至上的地位，也获得了神性的肯定，理性在这时不仅仅揭示了上帝的存在，而且通过概念的辩证逻辑演绎成为了上帝。

2. 德国古典哲学形而上学的神学化及其终结的“宿命”

黑格尔所建构的思辨哲学体系既是思辨的逻辑，也是世界的逻辑，圣父就如同逻辑学，圣子就如同自然哲学，圣灵就如同精神哲学。上帝的创世的过程就是绝对理念的辩证逻辑展开的过程，上帝展开自身的过程同“绝对精神”展开自身的过程是同一的。圣父的普遍理念就是“绝对精神”自在自为的存在于逻辑学之中，圣子对于上帝普遍理念的外化，就是“绝对精神”在自然界的外化，圣灵的自在实体就是“绝对精神”在人类社会的展开，通过三者都可以反思出绝对精神的规定。黑格尔的形而上学使人性上升为神性，上帝在自身的永恒运动中扬弃自身，最后达到自在自为的存

① ［德］黑格尔．宗教哲学讲演录Ⅱ［M］．燕宏远，张国良译．北京：人民出版社，2015：176.

在。那么,黑格尔哲学的“根基”——“绝对精神”也以自身为内容,以自身为目的,在自身中变得客观,同时也以自身而存在,这种发展过程本身就是基督教的存在的目的,因此,上帝就是绝对精神。精神中表象的存在以自身为目的,“主要表象是关于神性与人性之统一的表象:神成了人”①。因此,人拥有了和神一样的自由,当“人性”和“神性”统一时,就使得宗教变得理性化,形而上学变得神学化。

一方面,黑格尔哲学使得宗教历史变得理性化。那些宗教的发展环节和阶段,神秘的教义和无法解释的现象,都在黑格尔的思辨哲学体系中找到了位置,是理性为上帝找到了存在的合理性。人类精神的不同阶段分别对应着自然宗教、精神个体宗教和基督教,同时发生的还有人的精神由有限规定到无限自由的过程,上帝概念在“圣父、圣子、圣灵”的“三位一体”中被看作是“绝对精神”发展的不同的丰富程度,黑格尔用辩证逻辑揭示了环节的必然性和真理的全体性的统一。人类社会生活的不同阶段,反映出的伦理、道德、艺术、科学、法律等意识形式都会在概念的或精神的运动中找到自己的位置,“这一切都是和构成宗教的实体的那个原则相应的。一个民族的所有这些环节构成一个系统的总体,而且是一个精神创造它们和使它们生动起来的,这个见解就是宗教史和世界史重合的这个进一步的见解和根据”②。因而,宗教发展的神秘在理性的辩证运用中变得透明化,那些对于宗教信仰的知性的表达显而易见的被理性所取代了。宗教的发展历史符合精神从低到高,再至绝对精神的发展历程。当黑格尔形而上学的根基——“绝

---

① [德]黑格尔.宗教哲学讲演录Ⅱ[M].燕宏远,张国良译.北京:人民出版社,2015:153.

② [德]黑格尔.精神哲学[M].杨祖陶译.北京:人民出版社,2006:376.

对精神”被黑格尔思辨哲学运用辩证逻辑证明出来完成时，宗教的存在就具有了逻辑上合理性和哲学上的必然性，是理性推动了宗教的发展，宗教发展的历史根据就在于“绝对精神”自身所具有的理性，哲学可以为宗教提供根据，哲学高于宗教。这在一定意义上促进了人们对于宗教的理性认识，使得自宗教产生以来关于宗教的教义和存在的解释从未像黑格尔这样理性过。

另一方面，黑格尔哲学也使得其自身形而上学体系变得神学化。黑格尔将人类理性作为宗教存在的根据，使宗教获得了严谨的思辨逻辑的论证，这虽然进一步的使宗教的地位更加稳固，但却使思辨哲学体系神秘化了。因为，在黑格尔思辨哲学体系中，“绝对精神”发展的最高状态并不是宗教，因为“绝对精神”是不具有任何规定性的自由存在，是自在自为的精神。宗教的发展后，还有冲破艺术直观的限制的阶段，最后达到哲学概念的最丰富、最真实、最完满的自由状态，哲学的概念的自由性本身就是“绝对精神”。哲学是艺术和宗教的结合体，就在于艺术是哲学表现出来的外在的直观形式，而宗教是哲学表现出来的内在精神，当艺术的表达把哲学的内在精神碎片化为现实时，宗教所展现出的精神则使哲学具有整体性，哲学就是一个全体，全体中有艺术和宗教的位置，艺术和宗教在全体中成为意识发展的阶段和环节，在自身中意识着概念的存在，意识着哲学的存在。因此，理性的教化使人更加信服宗教的存在的合法性，宗教也并不是“绝对精神”要达到的最高状态，只有在哲学的思辨中才能获得全部的真理，艺术、宗教、哲学都是概念发展的环节必然性的东西，反之，思辨理性的真理性被放在了宗教之上，用来保证宗教的合理性，但其内容本身就是宗教，无论在形式上多么的高于宗教，其本质还是为了宗教辩护，因此，黑格尔所构建的形而上学体系就成了新的神学。

因此,思辨哲学体系在黑格尔这里变成了一个矛盾体,它既是哲学高于宗教的理性至上的体系,也是只具有必然性而无内容的信仰体系。这种矛盾所带来的不彻底性使得黑格尔的宗教批判具有不可避免的局限性,这也是后来被青年黑格尔派批判的问题所在。

3. 形而上学“神性”根基消解方式及其路径

黑格尔哲学实现了本体论、认识论和逻辑学的统一,在思维领域实现了真理之学的大全,建立起了以“神性”为“根基”的形而上学体系,构筑了逻辑学与形而上学、神学的统一。但是这种纯粹的思维领域的思辨哲学面临着几个问题:

首先,哲学的思维领域的绝对抽象能否关涉现实世界的质疑。黑格尔强调的“绝对精神”是概念自身的辩证运动,而这种概念的自身丰富的发展毕竟是思辨的纯粹思维活动,理念在体系的运动中通过外化而获得了现实世界中自然界和人类社会的内容,二者只是辩证运动的一个环节,自然界是一种自身并不知道包含理念的存在环节,人类社会的发展则是理念不断丰富自身的过程。但问题在于人的外在世界是否是人的思维的产物,这种纯粹的思辨使得其哲学“根基”的抽象性显而易见,这种思维的运动在后来者看来是在人的现实之外的哲学思考。

其次,宗教和哲学是否是内容具有一致性的东西。哲学和宗教关系问题一直是西方哲学研究主要问题,黑格尔认为宗教和哲学所具有的内容是一致的,只是形式不同,也就为宗教做了理性的或者说是哲学的解释,这种理性神学在后来者看来是对于宗教本质的不科学的认识,因为如果宗教的发展就是人的理性的发展,宗教的发展就代替了人自身的发展。那么,关于人自身的问题又如何解释？人作为人的现实活动本身的意义何在。

最后，黑格尔哲学所面临的问题就是哲学的开端是否能够建立在一个“无”之上。自古希腊以来的哲学，都会寻找一个确定无疑的东西作为哲学的开端，确定的开端是哲学得以建立其普遍必然性的前提，也是得到人确信的根据。黑格尔所寻找的就是“纯存在”，就是“无”，“无”本身是一种感性的存在物，但是人们又会追问“无”存在的合理性。因而，这种“无”的真实性受到了后来者的怀疑。

因此，面对这些困境，黑格尔的思辨哲学“神性根基”消解就存在着以下几种可能：一种可能就是用非理性来消解其“根基”中的理性；一种可能就是从人的感性活动出发消解其“理性根基”的哲学转向；一种可能就是消解其“根基”抽象性向人的能动性和现实性的哲学转向。这几种关于黑格尔哲学“神性根基”消解的可能，在黑格尔之后的哲学家的思考活动中成为了现实，形成了“神性”根基消解的第一条路径：叔本华的意志主义；第二条路径：费尔巴哈的人本学；第三条路径：马克思的实践哲学。德国古典哲学“神性”根基就在这三种哲学逻辑进展中开始了消解，之后的西方哲学总是存在着理性和非理性思想相互交织的和渗透的局面。

二　德国古典哲学之后“根基”返向“人性”的哲学转向

德国古典哲学崇尚理性，追求人的自由，从康德开始强调人的先验理性，直到黑格尔哲学在“绝对精神”中完成了“神性根基”的建立，整个人类理性达到了前所未有的高度，黑格尔宣称哲学到此已经完结，辩证的哲学体系已经是最完善的哲学体系了。但黑格尔之后的哲学家们并不认同黑格尔的“绝对理性”，没有在推高人的理性的道路上继续发展下去，而是转而去思考人的感性的因素。“形而上学发展史上的第二次翻转是在主体性形而上学的大框架内发生的，即从‘理性形而上学’向‘意志形而上学’翻转”[①]。黑格尔之后的哲学返向“人性”，并指向人的意志、感性、实践的形而上学。

1. 叔本华以“意志”为根基的非理性主义哲学

叔本华以意志开启了消解黑格尔的“神性根基”的道路，也开启了现代哲学对于理性的消解之路。叔本华是一个非理性主义者，对于理性存在“怨恨”，认为理性仅仅是一种工具，作为工具不能成为哲学所追求的最终真理，而是要超越理性，为人建立真正的意志自由。黑格尔哲学体系是理性主义发展的最高峰，在黑格尔哲学里，无意识和有意识、激情和理性、历史和逻辑、理论和实践等都被归结为绝对精神内部的对立统一的不同环节，以辩证形态的理性哲学建立了严密的理性主义体系。在这个体系中，理性已经完全的统摄了非理性，黑格尔把意志作为理性的一个环节，自然界、人的本能冲动等非理性的因素都被理性所统摄。叔本华看来，黑格尔强调的辩证理性的环节完全是思想中理性自身的“异化”，这种异化被理性所克服，又回归到理性自身。然而这种理性的回归仅仅是思想中的“辩证否定”，实在的非理性的东西却依然与理性存在对立。“理性总是能知道，而在理性的影响之外，直观总是

---

① 俞吾金．形而上学发展史上的三次翻转——海德格尔形而上学之思的启迪[J]．中国社会科学，2009(6)：4－19．

专属于悟性的”[①]。“人类虽然有好多地方只有借助于理性和方法上的深思熟虑才能完成，但也有好些事情，不应用理性反而可以完成得更好些”[②]。人可以根据非理性的悟性直观和感性来感受这个世界，获得知识，因为人的“意志就是真正自在之物，任何人都能看到自己就是这意志，世界的内在本质就在意志中。同时，任何人也能看到自己就是认识着的主体，主体（所有）的表象即整个世界，而表象只是在人的意识作为表象必不可少的支柱这一点上，才有它的存在”[③]。因此，与黑格尔不同，叔本华把意志作为整个世界的本质，而不是一个环节。

黑格尔思辨哲学所面临的一个重要的困难就在于如何解释外在世界是理念发展的环节这一问题。黑格尔在回答理念如何转化为自然界时，认为是“绝对理念”“把自己作为自然界自由地从自己外化出去”[④]。相反，叔本华认为这种外化并不是思维的概念活动，而是借助于非理性的“决心”，这是一种“绝对理念”的意志行为，而是意志与个体事物的中介，意志的客体化的无穷的等级就是作为意志自我直观的直接客体性的理念，与作为意志的间接客体性的理念在时空中使个别事物进行了个体化。叔本华认为理念在被直观时，主体与客体已经没有区别，都是意志。理性作为意志客体化的最高产物，是意志的工具。意志在直观中自己认识自己，“世界

---

① ［德］叔本华．作为意志和表象的世界［M］．石冲白译．北京：商务印书馆，1982：55．

② ［德］叔本华．作为意志和表象的世界［M］．石冲白译．北京：商务印书馆，1982：99．

③ ［德］叔本华．作为意志和表象的世界［M］．石冲白译．北京：商务印书馆，1982：231．

④ ［德］黑格尔著．小逻辑［M］．贺麟译．北京：商务印书馆，1980：428．

是我的意志”[①],意志就一种欲求活动,是一种超时空的活动,一种以自身为目的的无止境的欲求。这种欲求的意志,使我的身体成为了意志的客体化,成为了表象意志,“我首先把意志设定为自在之物,是完全原初之物;其次,我把躯体设定为它的纯粹的可见性,客体化;第三,我把认识设定为纯粹是这个躯体之一部分的功能”[②]。因此,理性就是意志的一部分,也是意志所产生的最为高级的产物。

黑格尔认为自由就是理性作为概念自身丰富自身的辩证运动,自由就是“绝对精神”,就是理念实现其自身的过程,而自由的根基就是理性,是概念的思辨的张力。但是叔本华认为理性不能成为自由的根基,因为,因果范畴是最根本的范畴,整个世界的表象都要在知性所提供的因果范畴的统摄下形成世界万物,人作为经验世界中的一员,在因果律的支配下,并无自由。人只有在排除其他外界的意志或生命特征影响时才真正地成为纯粹主体,才能真切地看到意志本身。而在时间上来说,意志的自由就体现在“现在”这个时间中,“现在”是实现自由意志的唯一形式,不可能存在黑格尔所认为的那种“绝对自由”。因为主体需要不再迷失和受制于因果律,而是超越因果律,在现在的时间中与客观世界融为一体,超脱和忘记了自己的存在,“他已经是认识的主体,纯粹的、无意志、无痛苦的、无时间的主体”[③]。此刻,生命的意义被显现出来,意志的绝对自由恰恰在于取消意志,理性也变成了一个束缚自由

---

① [德]叔本华.作为意志和表象的世界[M].石冲白译.北京:商务印书馆,1982:25.

② [德]叔本华.自然界中的意志[M].任立译.北京:商务印书馆,1997:35.

③ [德]叔本华.作为意志与表象的世界[M].石冲白译.北京:商务印书馆,1982:249.

的因素而被超越，意志就成为一个超越理性纯粹的主体拥有的能力。人在生命意志中驱动下求生存，获得生命的真正意义，因此，“生命意志、生存意志构成了世界的本质”[①]。这样，意志就作为非理性主义的“根基”被建立起来。

因此，自康德以来的德国古典哲学所崇尚的理性主义，尤其是被黑格尔所建立起来的“神性根基”，在这里开始消解了，叔本华把意志作为第一性的东西，而理性或是理智成为了从事认识活动的工具，从这种意志与理性关系的倒置中，德国古典哲学形而上学“根基”开启了由“上”而“下”的转向。

2.费尔巴哈以“类本质”为根基的人本学

费尔巴哈在“神性根基”消解的道路上找到了“人性”的方向。哲学的问题再一次地被拉回到人的问题，那些被黑格尔抽象化了的人的理性的至高点转而被费尔巴哈感性的人的“类本质”所取代，费尔巴哈将“神性”转变为了“人性”。

第一，费尔巴哈认为宗教与唯心主义有着共同的根源和思想基础，理性不能够成为认识的对象，因为哲学的对象从古希腊以来的哲学都是最真实的，而以往的理性主义哲学都犯了一个错误，那就是把理性作为形而上学的对象和目标，而理性并不真实。经验主义则是以感性为对象，理性和感性同样遗忘了人本身，因此，理性主义和经验主义真正的综合，必须是以人为对象的人本学，因为无论是理性还是感性都是人所具有的。理性主义远离了人，经验主义淡忘了人，它们都没有回到哲学真实的地基之上。黑格尔作为唯心主义哲学的主要代表，其理性主义思想是理性化了的神学，

① 杨祖陶.德国古典哲学逻辑进程[M].武汉：武汉大学出版社，2003：359.

其“唯心主义是泛神论的唯心主义”[①],“思辨哲学是真实的彻底的理性的神学”[②]。但是,费尔巴哈认为宗教和哲学是不同的,哲学运用的是理性和逻辑,对象是时间和空间,追求普遍必然。宗教主要是想象,想象不是逻辑和理性,宗教依赖的是奇迹。因此,“把人与大地割裂开来,把人移放到天上,或者,一般地,一方到另一个未知的、幻相的世界中去,乃不过是全能上帝的一个奇迹”[③]。因此,从奇迹的本质来看,它就是自然中呈现出来的,真实发生的东西,只要在自然界中发生都要遵循宇宙的规律和法则,那么,理性和逻辑不是在解释奇迹,而是在消解奇迹。因此,“黑格尔哲学是想通过哲学重建已经过去、没落的基督的最后一次重大尝试,……”[④]。宗教的奇迹不应该是理性中解释,而是从人性中去解释。宗教的本质就是人的异化,人的本质就是感性的现实存在,是鲜活的人,是一种真实的统一,这种统一是物质和精神的现实的、真切的有机整体。人所具有的“理性、爱、意志力,这就是完善性,这就是最高的力,这就是作为人的绝对本质,就是人生存的目的”[⑤]。人的本质所形成的“类”是囊括了外在世界、伦理世界和精神世界的无限至上的存在,这些世界都能在人中找到自己所对应的位置,黑格尔所勾勒的理性世界的“完美的人”在费尔巴哈这里成为感性世界中的

---

① [德]费尔巴哈.费尔巴哈哲学著作选集(上卷)[M].荣震华,李金山译.北京:商务印书馆,1984:146.

② [德]费尔巴哈.费尔巴哈哲学著作选集(上卷)[M].荣震华,李金山译.北京:商务印书馆,1984:123.

③ [德]费尔巴哈.费尔巴哈哲学著作选集(上卷)[M].荣震华,王太庆,刘磊译.北京:生活·读书·新知三联书店,1962:84.

④ [德]费尔巴哈.费尔巴哈哲学著作选集(上卷)[M].荣震华,李金山译.北京:商务印书馆,1984:149.

⑤ [德]费尔巴哈.基督教的本质[M].荣震华译.北京:商务印书馆,1984:30—31.

“完善的人”。

第二，费尔巴哈认为哲学的开端是自然界和人。黑格尔哲学的开端是没有任何规定的“纯存在”，就内容而言，黑格尔强调的“纯存在”即“纯有”就是“无”。“纯存在”只存在于人的思想之中，而不是在现实中，“不确定的纯粹的存在只是一个抽象的东西，与实在的存在完全不符合……纯粹的、空洞的存在也不再是存在”[①]。因此，在黑格尔哲学中，本体论、认识论和逻辑学的开端都是这个“无”。费尔巴哈则认为，哲学的开端并不是黑格尔式的，因为我们的思维唯一不能把握就是“无”，思维只能思维“有”，思维如何思维“无”？这是不可能的。思维必须有对象，哲学的开端不能从“无”开始，而是从自然界和人开始。只有对象进入我们的认识，成为我们意识的对象，我们才开始思维。因为，“哲学是关于真实的、整个的、现实的科学；而现实的总和就是自然”[②]。所以哲学的开端就应该是现实中的人，是人的感性存在。人就应该是精神和肉体的统一体。对此，费尔巴哈指出：“新哲学必须把黑格尔的绝对精神归结为‘以自然为基础的现实的人’，并以这样的人为根本的出发点和基础来正确地解决哲学的根本问题，即思维和存在、主体和客体、精神和自然、意识和物质的相互关系问题；因此，人的本质是新哲学中的最高的东西，关于人的学说应当决定新哲学的一切最基本的特征”[③]。

第三，费尔巴哈认为黑格尔哲学所强调的“绝对精神”是一种

---

① [德]费尔巴哈.费尔巴哈哲学著作选集(上卷)[M].荣震华，王太庆，刘磊译.北京：生活·读书·新知三联书店，1959：62.

② [德]费尔巴哈.费尔巴哈哲学著作选集(上卷)[M].荣震华，李金山译.北京：生活·读书·新知三联书店，1962：83.

③ 杨祖陶.德国古典哲学逻辑进程[M].武汉：武汉大学出版社，2003：307.

普遍的精神，并没有关注现实世界的人，而是人之外的纯粹思维的产物。“黑格尔绝对精神不是别的，只是抽象的、与自己分离了的所谓有限精神，正如神学的无限本质不是别的，只是抽象的有限本质一样”[①]，黑格尔把人的思维绝对化，把思维与思维的真实肉体对象割裂开来，把人片面化为抽象的人。黑格尔哲学中人的意识被看成是一个独立的实体，能够派生出自然，只有精神实体才是真正的实体。但费尔巴哈认为“绝对精神”是人的“绝对精神”，与人不能分离。从现实上来看，人的精神与肉体是不能分离的，即使是上帝理性也是人的本质。从逻辑上来看，也无法把人的肉体和精神分开。因为我们的逻辑区分必须要在同一“种”的概念下进行区分，差异必须以同一为基础。而人的精神最高的“种”概念是一个不真实的存在，人的肉体最高的“种”概念是一个真实的存在。那么，没有一个东西能够把“不真实存在”和“真实存在”统一起来，因此，从逻辑上来看，黑格尔的“绝对精神”的存在也是非法的。因为，所谓宗教的本质在费尔巴哈看来就是：“作为主观本质的客观本质，作为有别于自然的实体，作为属人的实体的自然本质，作为有别于人的实体，作为非属人的实体的人的本质，——这便是属神的实体，便是宗教的本质，便是神秘与思辨之秘密”[②]。上帝要向人的“类本质”复归，人只有破除宗教才能回到人本身。宗教就自然地成为了人的宗教，把上帝是爱转变为爱是上帝，建立一个爱的宗教，要建立一个爱的联合体，返回个体和类本质二者的统一。就这样，黑格尔所建立的理性神学的体系在费尔巴哈的宗教批判中终

① ［德］费尔巴哈．费尔巴哈哲学著作选集（上卷）［M］．荣震华，王太庆，刘磊译．北京：生活·读书·新知三联书店，1959：104．

② ［德］费尔巴哈．费尔巴哈哲学著作选集（下卷）［M］．荣震华，王太庆，刘磊译．北京：生活·读书·新知三联书店，1962：826．

结了。

费尔巴哈哲学使德国古典哲学形而上学完成了一个向“类本质”为根基的人本学的转向。神不是别的什么，而是人类自己，人就是人本身的救世主。宗教就是人对于自己的本质的表象，其存在阻碍了人的自由的实现，人的存在应该是被感觉到的实体，这种转向再一次彰显了人性。但是，费尔巴哈的哲学的局限性在于他把人理解为抽象的人，把“感性对象”作为哲学基础，而不是“感性活动”，没有发现处于社会历史关系和社会物质关系的人。

3. 马克思以“实践”为根基的新唯物主义

马克思从实践中寻求解决主客体的矛盾，使哲学关注于去改造世界，从历史中去寻找行动的、实践的人，使人在实践活动中完成自身的统一。马克思建立的以“实践”为根基的新唯物主义批判了黑格尔的抽象的绝对精神，主要表现为：

一是黑格尔把实体抽象为精神。在马克思看来，黑格尔哲学体系及其后来者对于实体的探究“都是在纯粹的思想领域中发生的”①。也就是都从纯粹的思维中去思考问题，黑格尔把理性之中观念的解决作为解决现实中一切问题的前提，“思辨的思维从各种不同的现实果实中得出一个抽象的果实，……基督教认为只有一个上帝的化身，而思辨哲学却认为有多少事物就有多少化身。譬如在现在这个例子里，在思辨哲学看来，每一个单个的果实就都是实体的，即绝对果实的化身。……因为它们是‘一般果实’的生命的各个环节，是理智所创造的抽象本质的生命的各个环节，因而本身就是理智的抽象产物”②。不难看出，精神就是黑格尔哲学的实

① 马克思恩格斯选集（第一卷）[M]. 北京：人民出版社，2012：142.
② 马克思恩格斯全集（第二卷）[M]. 北京：人民出版社，1957：74.

体，他把实体抽象为精神，其被大家显而易见的原因就在于黑格尔把普遍性作为发现的本质规定，“把现实事物的名称加在只有抽象的理智才能创造出来的东西上，即加在抽象的理智的公式上，最后，因为他把自己从苹果的观念推移到梨的观念这种他本人的活动，说成‘一般果实’这个绝对主体的自我活动。这种办法，用思辨的话来说，就是把实体了解为主体，了解为内部的过程，了解为绝对的人格。这种了解方式就是黑格尔方法的基本特征”[①]。这无疑抽象地解决了现实问题，是行不通的。马克思认为实体就应该是实践活动中的人，因为“全部人类历史的第一个前提无疑是有生命的个人的存在。因此，第一个需要确认的事实就是这些个人的肉体组织以及由此产生的个人对其他自然的关系”[②]。马克思反对黑格尔用绝对精神解释一切，用天上的东西解释地上的东西，认为应该以实践去解释，用地上的东西去解释天上的东西。“德国哲学从天国降到人间；和它完全相反，这里我们是从人间升到天国。这就是说，我们不是从人们所说的、所设想的、所想象的东西出发，也不是从口头说的、思考出来的、设想出来的、想象出来的人出发，去理解有血有肉的人”[③]。因此，哲学的实体不能是抽象精神，应该是关涉人的现实。

二是黑格尔的哲学没有人身。马克思反对黑格尔绝对精神的抽象性，他认为“思辨哲学家抛弃了‘果实’这个抽象，但是，他是用一种思辨的、神秘的方法来抛弃的，就是说，使人看来好像他并没有抛弃抽象似的。因此他事实上也只是在表面上越出了抽象的圈

① 马克思恩格斯全集(第二卷)[M].北京：人民出版社，1957:75.
② 马克思恩格斯选集(第一卷)[M].北京：人民出版社，2012:146.
③ 马克思恩格斯选集(第一卷)[M].北京：人民出版社，2012:152.

子而已"[①]。其本质还是不带有人性和人身的抽象概念。因为,"思辨哲学家在其他一切场合谈到人的时候,指的都不是具体的东西,而是抽象的东西,即理念、精神等等"[②]。因此,黑格尔的错误就在于:其一,用概念运动的过程替代了感性的哲学家所利用的直观形式表现哲学的方式,因而,理智的本质的想象替代了感性的直观。其二,当黑格尔运用概念的思辨来解释事物的发展和主体自身的思辨时,人们就会误认为思辨就是现实,又把现实的发展当作思辨的发展。黑格尔总是用理念的统一性解释现象中出现的矛盾问题,就绝对理念的纯粹性而言,其并不注重物质因素在理念中的地位和作用。同时,黑格尔历史观的前提也是抽象的或绝对的精神,"……人类的历史变成了抽象的东西的历史,因而对现实的人说来,也就是变成了人类的彼岸精神的历史"[③]。因此,"黑格尔的过错在于双重的不彻底性:(1)他宣布哲学是绝对精神的定在,同时又不肯宣布现实的哲学家就是绝对精神;(2)它仅仅在表面上把作为绝对精神的绝对精神变成历史的创造者。既然觉得精神只是post festum(事后)才通过哲学家意识到自身这个具有创造力的世界精神,所以它捏造历史的行动也只是发生在哲学家的意识中、见解中、观念中,只是发生在思辨的想象中"[④]。因此,马克思反对黑格尔把人看成是没有肉身的抽象的东西,马克思认为无论思维如何具有理性的能力,都应该是生活决定意识。因为一旦进入历史的发展进程中,一定进入生产力发展和物质交往的进程中,就开始自觉地改变与之相对象的诸如道德、艺术、宗教和哲学。这些主观的

① 马克思恩格斯全集(第二卷)[M].北京:人民出版社,1957:72—73.
② 马克思恩格斯全集(第二卷)[M].北京:人民出版社,1957:49.
③ 马克思恩格斯全集(第二卷)[M].北京:人民出版社,1957:108.
④ 马克思恩格斯全集(第二卷)[M].北京:人民出版社,1957:109.

东西不会再起到决定作用，而是使自己改变面貌来适应这个现实。因此，现实的生活决定了意识的发展，现实生活的变化使思维发生变化。所以，哲学要从具有意识的人出发，这里的意识并不是黑格尔意义上的，而就是人应该具有的意识，这个人是现实的、有生命的个人，“它从现实的前提出发，它一刻也不离开这种前提。它的前提是人，但不是处在某种虚幻的离群索居和固定不变状态中的人，而是处在现实的、可以通过经验观察到的、在一定条件下进行的发展过程中的人”①。因此，哲学的前提就应该是有人身的人，是那个具有感性特征的人的本质的复归，也要在生产实践中实现自由的复归。

三是以“实践根基”反对“理性根基”完成了从解释世界到改变世界的变革。形而上学一定要把根基放在一个明确无误的基础之上。从这个意义上讲，马克思是现代性哲学家。马克思认为实践是第一性的，因此，实践就是马克思新哲学的根基，他用实践来反对理性，来建构其哲学根基。对此，马克思提出了实践能动性原则，也就是人在实践中发挥主观能动性，把劳动看成自身发展的目的而不是手段，人与人的活动本身成为统一的，主体和客体在这种能动的实践活动中可以形成统一。因此，人的生存的价值就在于其存在的自为的世界中，在现实的生产实践之中，“动物不把自己同自己的生命活动区别开来”②，但是，人既要在思维活动中获得自我，更应该在物质生产实践的活动收获自我，在自为的存在收获自我。对此，马克思指出：“从前的一切唯物主义——包括费尔巴哈的唯物主义——的主要缺点是：对事物、现实、感性，只是从客体的或者直接的形式去理解，而不是把它们当作人的感性活动，当作实

① 马克思恩格斯选集(第一卷)[M]．北京：人民出版社，2012：153.

② 马克思．1844 年经济学—哲学手稿[M]．北京：人民出版社，2000：57.

践去理解，不是从主观方面去理解。所以结果竟是这样，和唯物主义相反，能动的方面却被唯物主义发展了，但只是抽象的发展了，因为唯心主义当然是不知道真正现实的、感性的活动的。”[①]这样，“自由自觉的生命活动”[②]是人的最根本的特征，作为“根基”的实践在自为世界中实现了人的主体能动性的绝对现实基础，也确立了主客观统一的现实基础。

同时，黑格尔强调理性主义历史观，在他之前，康德认为历史观无规律，费希特认为历史的发展是天意隐藏在历史发展进程中，历史是内在的天启，要从宗教信仰去理解天启。谢林则认为历史观有规律的，是绝对存在的不同样态，即自然界、人类历史。这些都是理性主义历史观，围绕人类理性展开的自我生成史。费尔巴哈认为“类本质”是历史发展的根据，也叫人本学的历史观，但其本质还是很难逃离唯心主义的。相反，马克思则认为人的历史是以实践为根据的，应该是唯物史观，因为，人类的发展和历史的进步不是由黑格尔所说的“绝对精神”所推动，而是人们的物质资料的生产实践活动所推动的。在社会历史发展中，马克思认为生产力与生产关系就是那具有普遍内容的根本东西，推动历史前进的根本动力；而特殊性就是那些表现为历史各个阶段的社会历史发展状态；个体性就是包含着生产力与生产关系这种普遍性于自身的社会形态，是关于历史发展各个阶段的集合。这样，马克思就在辩证法的基础上重新认识了人类历史的发展，进一步的，具有普遍性的是人与人的生产关系，特殊性的是生产过程，而个体性就是商品。生产过程作为人与人的生产关系和商品的中项，是经验中的连续不断的样态，是商品的环节，商品则是生产过程的体现，也内

---

① 马克思恩格斯选集(第一卷)[M].北京：人民出版社，1995：54.

② 马克思恩格斯全集(第42卷)[M].北京：人民出版社，1979：96.

在包含着人与人的私有制关系。黑格尔在理性的思辨领域所建立的历史殿堂被马克思从神性的“上”转化为了物质实践的“下”，主体是人，对象是被改造的客体，人的本质是人对于客体的能动的改造，人类历史就是人类不断地改造客观世界而形成的工业文明史，也是人类本质的异化和回归的过程，人类本质实现，获得自由就是人类异化历史的终结和人类真正历史的开端。

因此，马克思哲学使哲学从认识领域转换到实践领域，这次转向将人由“认识世界”的理性主体提升为“改变世界”的实践主体。马克思哲学使人真正地面对现实世界发挥自身的实践本性的能力，也使人从理性的主观样态转变为感性的实践样态。当然，无论是叔本华、费尔巴哈，还是马克思，这些消解都是在近代哲学意义上的消解，以“建构”消解“建构”，它们为后现代以“解构”消解“建构”的方式开启了一种方向。

三　研究德国古典哲学形而上学“根基”的价值意义

德国古典哲学形而上学“根基”的研究无论是从理论上还是在实践上都具重要的意义。德国古典哲学形而上学所具有的理论品质，无论是真理性、体系性，还是绝对性，都为我们从主体的角度寻求知识的普遍必然性，为自由辩护以及寻求历史本身的合理性根据提供了借鉴。德国古典哲学以康德、费希特、谢林、黑格尔为代表，通过批判知性思维形式，获得对于存在、自由的知识来为人类探寻的终极真理之学，为人类追求栖居之所。

1.深化我们对于马克思哲学理论来源的理解

德国古典哲学形而上学“根基”演进的研究为我们对于马克思哲学研究部提供了新的视角。我们不难看出，从康德到马克思，形而上学研究从未离开过哲学的“根基”，哲学“根基”的跃迁所体现的人的存在方式的不断地转换，也印证了形而上学的本质就是寻找人的归宿。以往我们的马克思哲学研究只是从辩证法和康德的人的解放的角度去谈德国古典哲学对于马克思哲学的理解，去谈德国古典哲学对于马克思哲学的影响，而当我们谈马克思哲学变革时恰恰忽视了马克思哲学“根基”的转换。马克思哲学的“实践根基”，是研究马克思哲学与德国古典哲学关系的关键一环。原因就在于：

其一，重新审视以“实践”为根基的马克思哲学树立的新世界观。马克思发现的新世界就在于它是人的本质力量的确证和实现，人在这个新世界中实现了人之为人的尊严和自由。因此，“实践观点的世界观，是人与世界否定性统一的世界观，一方面实践否定了世界单纯的自在性和客观性，使世界成为属于人的、服从于人的目的和需要的世界；另一方面实践也否定了人的单纯的主观性和目的性，不合实际的幻想在实践中的双重自我生成”①。因此，马克思的哲学向“实践”的转向，“在对世界的研究和解释中需要思考人的因素和作用，而对人的反思中就要反思人的世界，在人与世界的缠绕中辩证思维有了真切的世界历史内容”②。人的世界需要确

① 孙利天.把握实践转向后的理论维度[EB]. http://marx.cssn.cn/xspj/xspj/201806/t20180612_4363429.shtml.

② 孙利天.把握实践转向后的理论维度[EB]. http://marx.cssn.cn/xspj/xspj/201806/t20180612_4363429.shtml.

证实践的力量,思维需要现实的敲打才能前进。马克思看到了人的历史是以实践为根据的历史,因此,共产主义的生产方式就是自由的创造性活动,马克思期望共产主义社会是解决了人性逻辑和资本逻辑的矛盾的社会,因为人性逻辑要求实现使用价值,强调对象化,而资本逻辑是异化,要求实现价值。马克思就是要用人性逻辑代替资本逻辑。因此,关于共产主义的反思,共产主义作为一种社会形态和理想,在现实的研究和发展中不能被淡化,而是用发展的眼光去关注其这一理想社会构想的深层次的逻辑内涵,那就是关注人的本性。

其二,重新审视以"实践"为根基的马克思哲学的辩证法。康德哲学以"先验自我"为根基的辩证法只是消极辩证法。费希特以"绝对自我"为根基的辩证法是行动的辩证法,在自我的本原行动中解决矛盾,因此是积极的辩证法。谢林以"绝对同一"为根基的哲学开始建构正反合的辩证法思维。黑格尔哲学以"绝对精神"为根基的体系本身就是辩证法。绝对理念是正题,自然哲学是反题,人类社会是合题,概念或理念就是在体系的辩证运动中才实现自身,丰富自身的。因此,辩证法总是伴随着形而上学的"根基"的发展和变化而进行不断地丰富。因此,马克思哲学以"实践"为根基的辩证法就是要包含德国古典哲学辩证思维的精华,使辩证法本身就是以实践为"根基"的全体的真理性和环节必然性的统一。辩证法结构的正题就是人的类本质,反题就是对象化产品,而合题就是"类本质"的复归。辩证法就是区别于形式逻辑的内容的逻辑;区别于科学的逻辑的真理的逻辑;区别于外在人为规定的逻辑的事物自身的逻辑;区别于知性逻辑的理性的逻辑。因此,马克思哲学中实践的辩证法不仅仅是辩证否定,还需要从理论渊源上再一次合理的审视辩证法所蕴含的正反合逻辑,否定之否定的态度。

因此，德国古典哲学形而上学“根基”的转换是思维方式的转换，是对于人的自我认知的转换，也是历史发展逻辑的转换。马克思哲学是形而上学发展到德国古典哲学之后的一大转向，因为马克思哲学的根基“下行”，使哲学的发展与经验世界打交道，当哲学与经验世界的现实相关联时才体现了精神的价值。由此可见，当代发展马克思哲学的形而上学的“根基”是实践，实践“根基”就是我们现在研究马克思哲学所要抓住的，建立中国新形态的马克思主义必须要找到“根基”，不能动摇这个哲学根基。

2. 推动我们对哲学与科学之间关系的再反思

哲学与科学的关系问题是人类文明发展到今天无法回避的问题，科学技术高度发达的今天，我们更加需要哲学的思考来回应哲学与科学的关系问题。

其一，德国古典哲学形而上学“根基”演进的研究一个重要任务就是要完成对于科学的超越，来建构形而上学。从德国古典哲学形而上学来看，从康德到黑格尔在哲学“根基”确立中都谈到了哲学与科学的关系，康德建立的先验自我“根基”就是让“先验自我”为科学知识提供了根据。费希特通过其哲学根基“绝对自我”的推演形成知识，作为知识的基础；谢林“绝对同一”从自然界出发，从客观事物出发提升先验自我的绝对性，实现主客观的“绝对同一”，而这个前提就是一切知识得以形成的前提，即主观知识与客观知识的汇合活动。黑格尔所强调的思辨真理样态是形成辩证逻辑的认识方式，是确立真理，超越科学的哲学样态，人类的知识就是概念发展所演绎出的不同环节，是全体性和环节性的统一。所以，科学和哲学的关系从德国古典哲学开始以来，要么我们就把哲学理解为超越知性的“科学”，哲学所思考的是知识的知识，而科学都是知性的形而上学，知性的形而上学所获得的知识的真实性是值得怀疑的。那么，哲学都是理性的形而上学，换句话说，理性的形而上学所表现出的两种态度：要么哲学是为科学找“根基”，要么是将科学纳入体系中变成它们体系的一个部分。因此，“根基”的研究就是在哲学的视域中为科学寻找确实的根据。

其二，德国古典哲学就是要建立一种超越科学知识的真理性知识，使思维形式能够把握思维内容，从而使思维形成真理的能力和限度的哲学形态。对于哲学与科学关系问题我们通常的理解是教科书式的理解，哲学与科学被看作是一般和个别的关系，哲学是对具体科学的概括、总结和升华，是世界观和方法论的统一。但是科学依赖于知性，哲学依赖于理性，科学知识是依据经验世界或抽象理性建立起来的具体科学规律，反映的是某一领域的事物的本质和特征，是通过实证或者是实验证明的人类活动的成果，是对于停留在不同东西的关系的有限反思，科学知识所依靠的感性材料是变化流动的，并不能为人类提供可靠的知识，因此，科学知识达不到真理。哲学是依据理性的对于知识的反思，是要对思维自身进行反思，而哲学所形成的真理知识就是要建立在“根基”之上的对于人类形而追求的理性反思。这不是抽象的概括总结，而是内含形式与内容于一身的理性反思。特别是德国古典哲学强调思维和存在一致的问题，无论是康德、费希特，还是谢林和黑格尔，总是试图从哲学的思维方式上进行革新，这种革新是要超越科学思维的革新，要把人从物质的科学世界中超拔出来，从思维本身纯粹地与内容结合来反思人类生存的意义，要建立一种形式符合内容的绝对的统一的真理性知识。

因此，我们不应该从科学意义上去理解哲学，而是从德国古典哲学开始的那种对于这种哲学观的超越，显然马克思哲学不是科学意义上的，而是理性意义上，是真理意义上的，应该从这个意义上才能理解马克思哲学的真理性，哲学是对科学的超越。所以，哲学和科学的关系问题是我们需要再反思的。

结语：我国当代形而上学体系的重构及其“根基”的可能性路径

当代哲学发展所倡导的打破中国哲学、西方哲学、马克思哲学、都从中国哲学、西方哲学、马克思哲学的各自的方式来建构当代形而上学，但是都忽视了“根基”的研究。“根基”是哲学发展的实质所在，只要想建构形而上学就必须有“根基”存在。德国古典哲学形而上学“根基”的逻辑演进，即从康德先验的人性到黑格尔思辨的神性，这种根基之间的内在联系是以纵向逻辑顺序展开的，反映的是德国古典哲学形而上学关注现实，关注人，思考人，并把人抬高到理性至高点的过程。因此，关于“根基”的研究使我们认识到哲学的这种根基要么在于人，要么在于神，马克思就把哲学的“根基”确立为“实践”。哲学回到人的实践本身，马克思哲学关于“实践的人”的立场是哲学逻辑发展的必然。当代中国哲学更加需要从这种逻辑的演进中寻找到人，“人是‘自我目的’‘自身根源’‘自为本性’‘自由自觉的存在’，这就是近代晚期德国古典哲学和马克思提出的基本观点，它也就是西方哲学两千多年发展所取得的最为重要的思想和理论成果。可以说，只是到了这时，人们对

‘人’才算有了一个基本合于人的本性的看法”[①]。因此,哲学不再仅仅从物种规定的人、外部的人去理解人的本性,而是寻找到了人的内部以及人的自由自觉的活动。因此,要把人纳入哲学本身,“人是哲学的理论核心、内在主题,也是哲学思维的灵魂。随着人的观念的变革,与人相关的那一切关系,如人对世界的关系,人对人的关系,人对自身本质的关系以及存在对人的关系等等,以及有关所有这些关系问题的理论观念,都相应地发生了根本性的变化”[②]。马克思回到了生产力和生产关系,但是,马克思认为生产力和生产关系是具有历史维度的,我们要深刻理解处于哪个历史维度。马克思哲学建构时处于资本主义历史发展阶段,所以要从资本主义历史发展阶段去理解生产力和生产关系的历史性。那么,中国想要构建形而上学体系,必须回应历史性,关注中国特色社会主义的现实,哲学要关注生活。马克思是以“实践”为“根基”重建当代形而上学的,这个“实践根基”也是基于当时的生产力发展水平而言的,就像马克思自己指出的那样:“这些哲学家没有一个想到要提出关于德国哲学和德国现实之间的联系问题,关于他们所做的批判和他们自身的物质环境之间的联系问题。”[③]因此,我们关于马克思哲学的根基的建构要落实到中国的现实生活,哲学要回应现实生活,哲学要关照现实生活,要把我们的现实生活变成内容把握在我们的思想当中。其一,人类要高扬理性,善待理性。人类社会发展到现在无不体现自身的理性能力,人类征服自然,创造了

① 高清海.找回失去的哲学自我——哲学创新的生命本性[M].北京:北京师范大学出版社,2013:224.

② 高清海.找回失去的哲学自我——哲学创新的生命本性[M].北京:北京师范大学出版社,2013:224.

③ 马克思恩格斯选集(第一卷)[M].北京:人民出版社,2012:145-146.

一个前所未有的世界。但是真正的理性具有善恶两种本性，当我们通过理性不断满足自身的物质欲望时，应该时刻反思理性所带来的不利的后果，人类越是发展就越是要善待理性，甄别理性，反思理性。历史不断前进，人性越发自觉，人的选择性越发多样，但归根结底人的发展要尊重人性的内在发展逻辑，遵循理性发展的内在逻辑。其二，人类要找回崇高，实现自由。马克思哲学之后的后现代主义哲学、分析哲学、科技哲学、解构主义哲学等哲学派别都在不同程度上解构了人，使人的存在片段化、科学化、自发化，具有零散的现实性。这种零散的、必然的现实性有其存在的合理性，但是忽视了人的崇高和自由。必然是人的生存本性所制约的东西，是人作为“种”的归宿，但是自由是超越时空限制，把自己置于永恒之中的反思状态，是“类”的归宿。所以，当下，要发展“类主体”[①]，从人的本性出发塑造人。

① 高清海.找回失去的哲学自我——哲学创新的生命本性[M].北京：北京师范大学出版社，2013：237.

参考文献

▲ 中文著作:

[1] [德] H. 赖欣巴哈. 科学哲学的兴起[M]. 伯尼译. 北京:商务印书馆[M],1983.

[2] [德]费希特. 费希特文集(第一卷) [M]. 梁志学译. 北京:商务印书馆,2015.

[3] [德]费尔巴哈. 费尔巴哈哲学著作选集(上下卷)[M]. 北京:生活·读书·新知三联书店,1959.

[4] [德]费希特. 行动的哲学[M]. 洪汉鼎,倪梁康译. 南京:译林出版社,2013.

[5] [德]费希特. 伦理学体系[M]. 梁志学,李理译. 北京:商务印书馆,2006.

[6] [德]费希特. 对德意志民族的演讲梁志学,沈真,李理译. [M]. 北京:商务印书馆,2010.

[7] [德]费希特. 论学者的使命·人的使命[M]. 梁志学,沈真译. 北京:商务印书馆,1984.

[8] [德]费希特. 现时代的根本特点[M]. 梁志学,沈真译. 沈阳:辽宁教育出版社,1998.

[9] [德]费希特. 费希特文集(第二卷) [M]. 梁志学译. 北京: 商务印书馆,2015.

[10] [德]费希特. 费希特文集(第三卷) [M]. 梁志学译. 北京: 商务印书馆,2015.

[11] [德]费希特. 费希特文集(第四卷) [M]. 梁志学译. 北京: 商务印书馆,2015.

[12] [德]费希特. 费希特文集(第五卷) [M]. 梁志学译. 北京: 商务印书馆,2015.

[13] [德]黑格尔. 精神现象学(上. 下)[M]. 贺麟,王玖兴译. 上海:上海人民出版社,2013.

[14] [德]黑格尔. 哲学史讲演录(1—4)[M]. 贺麟,王太庆等译. 上海:上海人民出版社,2013.

[15] [德]黑格尔. 小逻辑[M]. 贺麟译. 上海:上海人民出版社,2009.

[16] [德]黑格尔. 自然哲学[M]. 梁志学,薛华译. 北京:商务印书馆,1980.

[17] [德]黑格尔. 逻辑学(哲学全书 · 第 1 部分) [M]. 梁志学译. 北京:人民出版社,2002.

[18] [德]黑格尔. 历史哲学[M]. 王造时译. 上海:上海书店出版社,2006.

[19] [德]黑格尔. 逻辑学(上. 下)[M]. 杨一之译. 北京:商务印书馆,1996.

[20] [德]黑格尔. 精神哲学(哲学全书 · 第 3 部分)[M]. 杨祖陶译. 北京:人民出版社,2006.

[21] [德]康德. 纯粹理性批判[M]. 邓晓芒译. 北京:人民出版社,2004.

[22] [德]康德. 判断力批判[M]. 邓晓芒译. 北京:人民出版社,2002.

[23] [德]康德. 实践理性批判[M]. 邓晓芒译. 北京:人民出版社,2003.

[24] [德]康德. 康德历史哲学文集(注释版)[M]. 李秋零译. 北京:中国人民大学出版社,2016.

[25] [德]康德. 康德三大批判合集(注释版上卷)[M]. 李秋零译. 北京:中国人民大学出版社,2016.

[26] [德]康德. 康德三大批判合集(注释版下卷)[M]. 李秋零译. 北京:中国人民大学出版社,2016.

[27] [德]康德. 康德著作全集[M]. 李秋零译. 北京:中国人民大学出版社,2013.

[28] [德]叔本华. 作为意志和表象的世界[M]. 石冲白译. 北京:商务印书馆,1982.

[29] [德]谢林. 布鲁诺对话:论事物的神性原理和本性原理[M]. 邓安庆译. 北京:商务印书馆,2008.

[30] [德]谢林. 对人类自由的本质及其相关对象的哲学研究[M]. 邓安庆译. 北京:商务印书馆,2008.

[31] [德]谢林. 先验唯心论体系[M]. 梁志学,石泉译. 北京:商务印书馆,1977.

[32] [德]谢林. 近代哲学史[M]. 先刚译. 北京:北京大学出版社,2016.

[33] [德]谢林. 哲学与宗教[M]. 先刚译. 北京:北京大学出版社,2017.

[34] [法]贝纳尔·布尔乔亚. 德国古典哲学[M]. 邓刚译. 高宣扬校. 北京:人民出版社,2013.

[35] [法]卢梭.论人类不平的起源[M].高修娟译.北京:生活·读书·新知三联书店,2014.

[36] [美]克雷格·B.马塔雷斯.从黑格尔出发[M].陈明瑶,叶卫挺译.哈尔滨:黑龙江教育出版社,2017.

[37] [美]汤姆·罗克摩尔.黑格尔:之前和之后——黑格尔思想历史导论[M].柯小刚译.北京:北京大学出版社,2005.

[38] [美]梯利.西方哲学史[M].葛力译.北京:商务印书馆,1995.

[39] [英]古纳尔·贝克.费希特和康德论自由、权利和法律[M].黄涛译.北京:商务印书馆,2015.

[40] [英]斯蒂芬·霍尔盖特.黑格尔导论——自由、真理与历史[M].丁三东译.北京:商务印书馆,2013.

[41] [英]休谟.自然宗教对话录[M].陈修斋,曹棉之译.北京:商务印书馆,1962.

[42] [古希腊]柏拉图.柏拉图全集 [M].王晓朝译.北京:人民出版社,2003.

[43] 邓安庆.谢林[M].台北:三民书局东大图书公司,1995.

[44] 邓晓芒,戴茂堂.德国哲学(2016 上半年卷)[M].北京:社会科学文献出版社,2017.

[45] 邓晓芒,戴茂堂.德国哲学(2016 下半年卷)[M].北京:社会科学文献出版社,2017.

[46] 邓晓芒.《纯粹理性批判》讲演录[M].北京:商务印书馆,2013.

[47] 邓晓芒.德国古典哲学讲演录[M].长沙:湖南教育出版社,2017.

[48] 邓晓芒.康德《纯粹理性批判》句读[M].北京:人民出版

社,2010.

[49] 邓晓芒.康德《道德形而上学奠基》句读[M].北京:人民出版社,2012.

[50] 邓晓芒.康德《判断力批判》释义[M].北京:生活·读书·新知三联书店,2008.

[51] 邓晓芒.思辨的张力[M].长沙:湖南教育出版社,1992.

[52] 高清海.找回失去的哲学自我[M].北京:北京师范大学出版社,2004.

[53] 高清海.找回失去的哲学自我[M].北京:北京师范大学出版社,2013.

[54] 高清海.哲学的憧憬[M].长春:吉林大学出版社,1995.

[55] 高宣扬.德国哲学通史(第一卷)[M].上海:同济大学出版社,2007.

[56] 贺麟,张世英.黑格尔关于辩证逻辑与形式逻辑的关系的理论[M].上海:上海人民出版社,1956.

[57][德]康德.作为未来科学的形而上学的导论[M].庞景仁译.北京:商务印书馆,2011.

[58][德]劳特.费希特在当代各国[M].沈真编.北京:中国社会科学出版社,2006.

[59] 梁志学.自由的体系——费希特哲学读本[M].北京:商务印书馆,2008.

[60] 陆杰荣.形而上学研究的几个问题[M].北京:中国社会科学出版社,2012.

[61] 陆杰荣.哲学的性质与机制——西方哲学比较研究[M].沈阳:辽宁大学出版社,1992.

[62][美]罗伯特·皮平.黑格尔的观念论[M].陈虎平译.北

京:华夏出版社,2006.

[63] 卿文光. 黑格尔《小逻辑》解说(第一卷)[M]. 北京:人民日报出版社,2017.

[64] 叔贵峰. 马克思宗教批判的革命变革——从理性的批判到实践的批判[M]. 北京:人民出版社,2008.

[65] 叔贵峰. 青年黑格尔派宗教批判的逻辑演进[M]. 北京:人民出版社,2014.

[66] 孙利天. 论辩证法的思维方式[M]. 长春:吉林大学出版社,1994.

[67] 王树人. 思辨哲学新探——关于黑格尔体系的研究[M]. 北京:人民出版社,1985.

[68] 王天成. 直觉与逻辑[M]. 长春:长春出版社,2000.

[69] 王晓朝. 西方哲学精神探源[M]. 北京:北京大学出版社,2016.

[70] 先刚. 永恒与时间——谢林哲学研究[M]. 北京:商务印书馆,2008.

[71] 谢地坤. 费希特的宗教哲学[M]. 北京:中国社会科学出版社,1993.

[72][法]雅克·董特. 黑格尔传[M]. 李成季,邓刚译. 上海:上海人民出版社,2015.

[73] 杨祖陶,邓晓芒. 康德《纯粹理性批判》指要[M]. 长沙:湖南教育出版社,1996.

[74] 杨祖陶. 德国古典哲学逻辑进程[M]. 北京:人民出版社,2016.

[75] 杨祖陶. 康德黑格尔哲学研究[M]. 武汉:武汉出版社,2002.

[76] 俞吾金,汪行福,王凤才,林晖,徐英瑾. 德国古典哲学[M]. 北京:人民出版社,2009.

[77] 赵敦华. 西方哲学简史[M]. 北京:北京大学出版社,2001.

[78] 赵林. 黑格尔宗教哲学[M]. 武汉:武汉人民出版社,2005.

[79] 赵林. 西方文化概论[M]. 北京:高等教育出版社,2004.

[80] 赵林. 西方宗教文化[M]. 武汉:武汉大学出版社,2005.

[81] 郑昕. 康德学述[M]. 北京:商务印书馆,2003.

▲ 外文著作:

[1] Ameriks, K. *The Modern Subject: Conceptions of the Self in Classical German Philosophy*[M]. City of New York: State University of New York Press,1995.

[2] Andrew Seth. *The Development from Kant to Hegel*[M]. Cambridge: Cambri—dge Scholars Publishing, 2002.

[3] Binkelmann, C. *Theory of Practical Freedom: Fichte—Hegel*[M]. Berlin: Walter deGruyter,2007.

[4] Houlgate,S. *An Introduction to Hegel. Freedom, Truth and History*[M]. Worces— tershire:Blackwell, 2005.

[5] Klemm,D. *Figuring the Self:Subject,Absolute,and Others in Classical German Philosophy*[M]City of New York:State University of New York Press,1988.

[6] Kyriaki Goudeli. *Challenges to German Idealism: Schelling, Fichte and Kant*[M]. Macmillan: Palgrave Macmillan UK,2002.

[7] Nectarios G. Limnatis. *German Idealism and the Problem of Knowledge: Kant, Fichte, Schelling, and Hegel*[M]. Publisher:Springer,2008.

[8] Sally Sedgwick. *The Reception of Kant's Critical Philosophy: Fichte, Schelling, and Hegel*[M]. Cambridge: Cambridge University Press,2000.

[9] Timmons, Mark. *Significance and system: essays in Kant's ethics*[M]. Oxford: Oxford University Press,2017.

[10] William Andrew Behun. *The historical pivot: Philosophy of history in Hegel, Schelling and Holderlin*[M]. DePaul: DePaul University,2006.

[11] Wood, Allen. W. *Fichte's ethical thought*[M]. Oxford: Oxford University Press. 2016.

[12] Wood, A. *The Free Develoment of Each: Studies on Freedom Right ,and Ethics in Classical German Philosophy*[M]. Oxford:Oxford University Press,1987.